KB261508

전환시대의
중국 사회계층

아연 중국연구총서 11

전환시대의 중국 사회계층

2007년 9월 10일 제1판 1쇄 발행

지은이　김도희
펴낸이　정민용
펴낸곳　폴리테이아
출판등록　2002년 2월 19일 제 300-2004-63호
주　소　서울시 종로구 홍파동 42-1 신한빌딩 2층
　　　　전화 02-722-9960(영업), 02-739-9929(편집),　팩스 02-733-9910
표지디자인　송재희
표지사진　이상엽

ISBN　978-89-92792-08-0　94300
　　　　978-89-955215-7-1　(세트)

＊ 책값은 뒤표지에 표시되어 있습니다.
＊ 잘못된 책은 바꿔드립니다.

이 도서의 국립중앙도서관 출판시도서목록(CIP)은 e-CIP 홈페이지(http://www.nl.go.kr/cip.php)에서
이용하실 수 있습니다(CIP제어번호: CIP2007002562).

전환시대의
중국 사회계층

김도희 지음

폴리테이아

차 례

서문

　뒤늦은 근대화 과정에서 급격한 사회적 변화를 겪었던 한국 사회는 다른 사람들이 인정하는 경제, 문화적 발전을 이루었지만 성급한 따라잡기가 남긴 폐해의 여진이 곳곳에 남아있다. 스위 정치학을 연구하는 입장에 있으면서도 신문의 정치면을 쳐다보기 싫을 정도로 한국의 정치 상황은 절망감을 느끼게 하며 노동 현실의 그늘은 여전히 어둡다. 교육 현실은 탄식을 자아내게 하며 나날이 벌어지는 격차의 절벽은 학생들에게 한국 사회에 대한 희망을 심어줄 수 있을까 하는 의문을 갖게 한다.

　한국보다 더 빠르게 변화하고 있는 중국사회도 우리와 유사한 문제점을 안고 있다. 그래서 중국사회를 바라보는 마음이 더 안타깝다. 전환시대라고 부른 것은 전환이 끝나기 전까지는 아직 희망이 있을 것이라는, 사회주의 중국이 앓고 있는 변화의 과정에 대한 자그마한 기대 때문이다. 그래서 감히 내 젊은 시절 가장 영향을 미쳤던 한권의 책 이름에서 제목을 따왔다. 중국사회의 현실과 미래를 진단하는 방식은 여러 가지가 있을 것이다. 그 중에서 사회 계층에 관심을 가지는 이유는 자원의 다양한 분배와 시장에서의 경쟁이 동일한 위치에 있던 사람들을 점차 분화시키고 이질적으로 분리시키기 때문이다. 사회 구성원들은 부의 소유와 향유에서, 권력의 다소에서, 문화적 기회에서 서로 차이가 생기게 되며 계층이라는 범주로 묶여지면서 사회적 갈등과 부조리가 시작된다.

　이 책에서는 개혁 이후 중국에서 사회계층이 생겨나는 배경과 사회 계층화의 현황, 계층을 구분하는 요소들이 계층 간에 어떻게 편중되어 있는 지를 살펴보고자 했다. 각 계층의 경제적 상황, 사회적 지위, 정치적 영향력을 규명하는 작업을 통해 계층의 현황과 계층 사이의 역학 관계를 파악할 수 있었다. 더불어 중국 사회계층의 계층 인식, 계층 구조의 유연성을 가늠할 수 있는 사회이동 구조와 빈곤계층에 대한 연구는 중국사회 불평등의 과정과 결과를 보여주는 기준이 되었다. 중국의 사회계층에 대한 새로운 시각이나 비전을 제시하기에는 역부족이었으나 중국사회가 가진 병폐가 어디서 어떻게 시작되고 있는가에 대한 실마리는 얻을 수 있었다.

이 책의 기초가 된 것은 2003년 서강대에 있으면서 연구한 계층분화와 빈부격차에 관한 주제다(전성흥 편, 『전환기의 중국사회 Ⅱ』, 오름, 2004) 당시의 논문을 수정해 이 책의 7장으로 썼다. 6장의 뒷부분인 중산계층의 조직과 유권행동도 2006년 발표한 논문의 일부 내용을 담고 있다(『중소연구』 30권 3호) 이것을 제외한 전체 내용은 일 년 반 정도의 기간을 통해 새롭게 연구한 것이다.

서른이 넘어 공부를 시작하고부터 내가 제대로 길을 가고 있는가를 반문해왔다. 중국이 겪어 온 역사와 에너지에 매력을 느껴 중국연구자가 되었지만 과연 나의 연구가 나의 삶에 그리고 내가 살고 있는 이 사회에 어떤 의미를 가질 수 있는지 확신이 별로 없었다. 이 책을 쓰면서 도중에 포기하고 싶을 정도로 무력감을 느꼈지만 이 작업을 통해 연구라는 것이 의미 있는 삶의 일부일 수 있다는 생각이 들었다.

아연 중국연구총서에 참여할 기회를 주신 최장집 선생님, 이 주제에 전념할 수 있게 도와준 이희옥 선생님, 지루했을 글들을 읽으며 편집과정을 견뎌낸 폴리테이아 편집부 여러분들께 먼저 감사하다는 말을 하고 싶다. 그림과 도표를 그리는 데 소질이 없는 본인을 도와 애쓴 조교 은수, 한신대에 오게 된 걸 행운으로 여기게 해 주신 학과 두 분 선생님과 연구동 밥 팀 선생님들, 당신들의 뜻과는 다른 길을 감에도 딸에 대한 믿음을 잃지 않으셨던 아버지와 어머니, 가족들에게 이 작은 기회를 빌려 미뤄 둔 고마움을 전한다. 좋은 세상은 거저 주어지는 것이 아니라고 했다. 이번에 나온 졸저가 공평한 세상을 만드는 데 깃털만큼의 무게라도 보탬이 되기를 바란다.

2007년 8월
양산골 연구실에서 필자

제1장

서 론

중국 사회는 어디로 가고 있는가?

한국 최상위 부자의 90%가 부를 대물림한 것이라고 한다. 2007년 소득은 늘었지만 전국 상위 20% 계층의 소득을 하위 20% 계층의 소득으로 나눈 값인 소득 5분위 배율은 8.40배로 계층격차는 확대되었고 5분위 배율을 추산한 이래 최악이라고 한다(『한겨레』 2007/05/10). 신자유주의 물결 속에서 세계화와 시장논리, 경제와 성장 일변도, 경쟁과 효율, 엘리트주의 담론이 판을 치고 있다. 분배나 평등을 이야기하는 것은 시대착오적이며 극단적이라는 비난을 받는다. 조희연은 한국 사회에 민주적이고 투명한 계급사회라는 아이러니한 현상이 나타나고 있음을 비판적 어조로 이야기한다. 현대사회의 주된 요인으로 작용하는 경제적 부와 가치의 분배는 사회 구성원과 집단을 경제적 부의 축적과 사회적 지위의 획득 여부에 따라 빈부의 양극단에 위치하게 만들고 있다. 이러한 계층분화에 의해 형성되는 사회구조는 사회적 불평등 현상을 보여주게 되며 계층의 상위에 존재하는 집단이나 개인은 더 많은 제도적 특권과 혜택을 누리게 되고 하층으로 갈수록 이러한 특권과 혜택에서 멀어져 빈곤에 처하는 경우가 빈번하게 일어난다. 또한 이는 대부분 구조적 요인에 의한 것임에도 불구하고 개인의 운명이나 처지로 여겨져 계층화를 합리화한다. 과연 이러한 사회에서 모든 인간이 균등하게 인간다운 삶을 어떻게 유지시켜 나갈 수 있을까? 중국 사회는 이로부터 자유로울 수 있을까? 이데올로기가 무색해지는 현실이지만 시장 자본주의와 다른 길이 있음을 보여 줄 가능성의 측면에서 중국의 변화는 분명 주목할 만하다. 물론 이런 기대와 달리 중국 또한 배반의 길을 갈 수도 있겠지만 아직은 중국 사회가 보여주는 독특성은 우리로 하여금 결론을 유보시킨다.

개혁개방을 통한 중국의 현대화는 초안정적이라 불리던 중국의 사회구조를 새롭게 변화시켰다. 사회구조의 변화는 중국 사회의 구성원과 사회집단이 소득이나 부, 사회적 지위 등을 기준으로 다양한 계층에 속하게 만들었다. 중국의 계층이 어떻게 구성되어 있는가를 살펴보는 것은 중국 사회가 수평적인 집단분화의 다원주의 사회인가 아니면 수직적인 계층화 체제로 나아가는 갈등사회인가를 규명하는 과정일 수 있다. 즉 전환기의 중국 사회를 연구함에 있어 중국의 계층에 대한 분석은 중국 사회가 가지고 있는 성격과 본질을 보여준다는 점에서 중요한 연구대상의 하나이다. 계층화에 편향된 의미가 내포되어 있다 하더라도 중국 사회가 계층의 이익 분화와 갈등을 합리적으로 조절하고 있는지 아니면 관리능력의 부재로 인해 위기를 지니고 있는지를 규명하기 위해서는 중국의 사회계층에 대한 다면적인 연구가 선행되어야 할 것이다.

중국의 계층화와 불평등

중국의 사회계층에 대한 연구는 최근에 들어서야 계층의 이론적 방법론을 통해 중국 사회계층에 대한 분석을 시도하고 있다. 그전에는 마르크스와 마오쩌둥의 분류 방식에 의존하거나 막스 베버 이후 서방 사회의 계

<표 1-1> 마오쩌둥의 계급 분류

계급 구분	경제계층	정치계층
지주계급 매판계급	대지주 외국 매판자산계급 관료 자산계급 중소지주	제국주의 세력 국민당우파 군벌 관료 토호와 악질신사(紳士) 개명(開明)하지 않은 신사
중산계급 민족자산계급	도시 자본가 농촌 자본가 농촌 부농	개명 신사 민족자산계급 우익 민족자산계급 좌익
소자산계급	자작농 수공업자 소상인 자유직업인 소(小)지식계층 청년학생	소자산계급 우익 소자산계급 중간파 소자산계급 좌익
반(半)무산계급	중하층 농민 빈농 소(小)수공업자 점원 영세상인	혁명 동맹군
무산계급	도시노동자 농촌 고용인부	혁명 지도자
유민(遊民)무산자		

출처 : 李强(1993, 57-58); 李春玲(2005, 82).

층지표를 중국 사회에 그대로 적용해 왔다(<표 1-1> 참조).

중국의 사회계층은 현대사회 계층구조와 유사한 측면을 보이고 있으나 아직까지 중국만의 독특한 재산권 소유제도와 정치적 권위구조로 인해 기존의 계층이론을 그대로 적용하기에는 한계가 있으며 중국 사회계층의 변화에 대한 새로운 해석이 필요하다. 중국 사회의 계층구조를 이해하기 위해서는 재산권 개념이 변화하면서 나타나는 현상과 시장능력 개념, 제도주의 계층화를 통한 변화에 관심을 기울여야 한다. 중국 사회에서 계층화와 계층구조에 대한 관심은 공유와 사유의 다양한 재산권에 기반한 시장능력의 영향에 집중되어 있으며 경제자원과 교육, 기술의 인력자원이 어떻게 시장능력과 결합하고 있는지에 대한 해석에 중점을 두고 있다(劉欣 2005).

우리는 중국의 시장 전환과정에서 누가 무엇을 어떻게 얻었는가의 문제에 관심을 둔다. 경제발전을 추진하면서 국가는 정책을 통해 자원을 관리하게 되며 상이한 사회집단들은 자원 획득에 있어 서로 다른 기회를 갖게 된다. '어떻게'의 문제는 어떠한 제도가 어떤 집단에 유리한가를 아는 데 도움이 된다. 이렇게 다양한 위치에 처해지는 집단들의 구조 형성은 결국 계층구조로 귀결되며 제도적 문제에 대한 관심은 어떤 집단이 무엇을 어떻게 얻었는가에 대한 실마리를 제공할 수 있다. 한 사회의 개인이나 집단의 자원 획득이나 생활방식은 국제시장의 변화, 해당 국가의 경제 발전 정도 및 방식과 밀접한 연관을 가지고 있다. 결국 국가의 개인이나 집단에 대한 영향은 여전히 크다고 할 수 있다. 계층구조를 분석하는 데 있어서도 관건은 국가와 시장의 상호작용 기제가 무엇인가를 알아내는 것이다. 국가는 어떻게 자신의 수요에 의거해 시장에 영향을 미치는지, 시장은 어떤 측면에서 국가로 하여금 작용하게 하는지를 보아야 한다.

시장의 도입은 사람들의 생활을 이전보다 나아지게도 하지만 각종 형태의 불평등을 초래하기도 한다. 결국 계층구조를 연구하는 것은 그 사회의 불평등의 원인과 현상을 알아내는 것이고 왜 자유와 평등이 가장 이상적인 가치로 추앙받으면서도 동시에 불평등 현상이 존재할 수밖에 없는가를 설명하기 위한 것이다(Grusky 2001, 3). 또한 계층에 대한 연구는 경제적 자원, 사회적 명성 혹은 명망, 문화자원 불평등에 대한 분석과 더불어 정치적 자원(가장의 권위, 직장에서 상급자의 권위, 정당의 권력 등)에 주목해야 한다. 정치자원이 현실화하여 나타나는 권력은 계층구조에서 중요한 자원이며 이것이 다른 자원의 분배에도 결정적인 영향을 미치곤 한다.

계층, 계층화의 개념과 범주

계급과 계층은 어떤 차이가 있을까? 계급 개념을 우리에게 처음 각인시킨 마르크스는 생산수단의 소유 여부를 통해 노동자와 자본가 계급의 관계를 분석했다. 이후 베버는 생산수단보다는 시장관계를 강조했는데, 그는 시장이 사회를 무수히 작은 부분으로 분열시키며 계급은 단지 사회계층화 가운데 하나의 현상이라고 보았다. 그는 사회 계급구조는 단지 사회 불평등과 분배 모델의 산물이지 생산방식이 결정하는 것은 아니라고 주장한다(Weber 1966). 사실상 계급과 계층은 현재적 개념에서는 명확하게 구분되지 않는다. 서구에서는 다수의 학자들이 class라는 동일한 어휘를 계급과 계층에 사용하고 있다. 이는 영문의 class가 비교적 광범위한 의미를 담고 있어서 계급과 계층의 함의를 포괄하기 떠문이다. 계층은 strarum에서 나온 것이지만 현대 사회계층을 이야기하면서 이 용어보다는 class를 쓴다. 이는 strarum이 서열화를 통해 저소득과 고소득 사이에 존재하는 양적 숫자만을 강조하고 질적 차이는 소홀히 하는 측면이 있기 때문이다. 연속적인 stratum을 몇 개의 구분으로 나눌 경우 각 구간에 있는 개인이나 집단은 class가 된다(陸學藝 2002). class는 사회 구성원의 양적·질적 차이를 구분하는 개념이며 현재 시점에서는 계급으로도 혹은 계층으로도 쓰이고 있다. 계층화 혹은 계층분화(Stratification)는 한 사회의 구성원들이 일정한 기준에 의해 상이한 등급의 서열로 구분되는 것이다. 사람들은 사회구조에서 서로 다른 위치에 있으며 자원의 소유 여부, 자원의 보유량에 따라 그 위치가 결정된다. 이로써 사람들 사이의 사회경제 상황의 차이가 나타나는데, 이러한 차이는 사람들의 정치사회적 태도와 행위에도 영향을 미치게 되며 이것이 계층화로 표현된다.

계층은 계급과 마찬가지로 종적인 서열의 개념이며 종적 관계의 집단

현상이 비로소 계층으로 불릴 수 있다. 사회에는 객관적으로 상이한 사회적 지위의 집단이 존재한다. 사회집단의 종적 수직관계를 드러내는 것이 계층의 기본적 특징이며 계층은 집단의 사회적 지위에서의 고저 차이를 보여준다. 계층의 본질은 한 사회의 자원이 구성원 개인에게 불균형하게 배치되기 때문에 야기되는 인간과 인간의 사회적 지위의 차이이다. 자원분배의 불균형이 야기하는 인간과 인간 사이의 사회적 지위의 차이는 모두 계층현상으로 나타난다. 사회자원으로는 물질적 재산, 정치권력, 교육 정도, 사회적 명성이 모두 여기에 속하고 이것과 상응해서 경제지위, 정치지위, 문화지위 등의 사회적 지위를 구분해낼 수 있다(鄒農儉 2005, 145-149). 계층은 이러한 자원과 지위에 의해 구분되고 있으며 현대사회에서는 직업이라는 단일한 기준으로 분류하는 것이 일반적이다. 또한 여러 가지 기준을 근거로 해서 계층을 상층, 중층, 하층으로 나누거나 더 나아가 상상, 상하, 중상, 중하, 하상, 하하 여섯 개 등급으로 나누기도 한다.

계층의 분석단위는 개인을 기본으로 하지만 집단이 될 수도 있다. 왜냐하면 계층분석의 본질이 한 사회에서 인간집단의 행위와 의식을 보여주기 때문이다. 또한 각 계층은 집단의 이익 요구가 표출되는 이익 공동체이며 다양한 계층들 사이에는 집단적 차이가 존재하게 된다. 사회라는 거시적 조직에서 그 사회의 정치, 경제, 문화 등 자원이 다르게 배분되어 형성되는 계층 사이에는 차이와 갈등이 존재하게 된다. 계층화된 사회는 제도화된 사회이므로 개인이라는 개체는 그 역량이나 능력에 한계가 있으며 집단으로 형성된 계층이 역량과 능력을 지닌 단위가 된다.

비교적 관점에서의 중국 사회계층 연구

비교적 관점에서 중국의 사회계층을 연구한 자료들은 사회주의 국가에서의 계층 이론을 통한 분석이 주를 이룬다(李强1993; 朱光磊 1994; 李培林 1995a; 孫立平 1995; 孫立平 2003; 李春玲 2005). 사회주의 국가의 사회계층에 대한 연구는 계층화를 야기하는 원인에 관심이 집중되어 있다. 재분배제도에서 시장제도로 전환되는 과정에서 계층화가 어떻게 일어나며 사회주의 사회의 계층화가 불평등을 심화 또는 완화했는지에 대한 논쟁이다. 빅터니(Victor Nee)는 사회주의 사회가 시장전환과 더불어 재분배자의 자원 지배가 약화되면서 불평등한 계층구조를 완화시켰다고 주장한다(Nee 1989; 1991). 그러나 1989년 전후 헝가리를 고찰한 로나타스(Rona-Tas)는 시장개혁과 동시에 권력을 가진 간부의 세력이 여전히 유지되면서 정치자원을 가진 간부를 중심으로 위계적인 계층화가 나타난다는 반론을 폈다. 사유화의 과정에서 간부는 재분배 권력을 사회 네트워크 자원으로 만들어 최종적으로는 사유재산으로 전환한다는 것이다(Rona-Tas 1994). 개혁 이후 중국의 계층화를 연구한 볜과 로건도 유사한 결론을 내렸다(Bian and Logan 1996). 시장사회주의 모델을 통해 계층화를 연구한 린도 계층화의 원인을 현지의 사회문화 기초인 사회 네트워크가 핵심이라고 말한다(Lin 1995).

계층화 현상과 관련해 위의 분석이 주로 경제적 시장전환 과정의 원인을 다루었다면 지방-국가 조합주의 모델을 통해 지방정부가 경제 행위에 참여하면서 지방 사회의 계층화를 만드는 역할을 한다는 시각도 있다(Oi 1992; Walder 1992; Nee 1992; Oi 1995; Nee 1996). 니와 오이(Oi)의 연구는 경제 기제에 집중되어 있고 제도의 결과를 통해 계층화를 분석한다. 이러한 신제도주의적인 분석에서 제도는 공식적인 규칙과 정책 이외에 두 가지를 포함하는데, 하나는 비공식적인 규범과 습관이고 다른 하나는 각종 유형의 조직이다. 계층에 대한 신제도주의 분석이 사회계층 기제의 차이를 강조하는 것은 그 배후의 제도와 조직의 변화 때문이며 이러한 제도와 조직의 변화는 다양한 이익과 기회를 만들어내고 이로써 이러한 조직 내의 사람이 권력과 자원의 극대화를 추구하도록 영향을 미친다는 것이다. 이 두 가지 입장은 재분배제도와 시장제도 중 어떤 제도가 계층화를 가중시키고 불평등을 확대시키는지를 규명하기 위해 노력을 기울인다.

　　제도주의 이론으로 국가 사회주의와 후기 공산주의 국가의 계층을 연구한 세레니(Ivan Szelenyi) 코스텔로(E. Kostello)는 재분배제도나 시장제도가 필연적으로 불평등을 만든다고 규정하지 않는다. 그는 계층화로 인한 불평등은 재분배제도와 시장제도가 어떤 식으로 결합하는지의 문제이며 이렇게 결합된 제도를 통해 사람들이 어떻게 특정한 재산을 소유하고 사회적 관계를 맺어 가는가에 주목할 필요가 있다고 강조한다. 세레니와 코스텔로는 계층 불평등의 근원이 통치권력의 경제통합 기제에 있다고 여겼다. 여기서 통합기제란 현재 중국 사회 계층화의 제도적 기초가 되는 주요한 생산요소, 즉 토지, 노동과 자본의 배치방식의 기제를 말한다. 재분배가 강한 위치에 있으면 불평등의 주요한 근원은 바로 재분배이고, 권력이 없는 계층은 시장을 빌려 사회 불평등에 저항할 수밖에 없다. 그러나 시장이 자본과 노동의 배치에서 강한 위치를 차지하면 빈곤계층은 국가의 재분배에 의존해 자기 소득을 증가시킬 수밖에 없다.[1] 결국 문제는 재분배제도와 시장제도 중 어느 것이 우세한 위치에 있느냐이다.

---

[1] 이들의 구분에 따르면 1960~80년대 동유럽, 1977~80년의 중국은 지방시장의 재분배경제가 존재했다. 1980~89년 동유럽과 1985년 이후 중국은 일정 규모의 노동력 시장과 자본시장이 출현했고 사회주의가 혼합경제로 바뀐 형태이며 89년 이후 동유럽은 공유부문이 전면 사유화하면서 자본주의 지향의 경제가 되었다(Szelenyi and Kostello 1996).

비교적 관점에서 중국 사회계층을 분석한 연구들은 사회주의 국가의 재분배제도에서 구성된 계층구조가 시장제도를 통해 어떻게 전환되는가를 설명하고 있다는 점에서 그 의미를 지닌다. 그러나 이 연구들을 통해 현대 중국의 사회계층 구조와 계층화 원인을 설명하는 데에는 한계가 있다. 우선, 현재 중국의 경제유형이 자본주의 국가와 유사해지고 있으며 시장의 비중이 재분배나 계획의 비중을 훨씬 초과함에도 재분배 권력 엘리트들의 계층지위는 더욱 강화되고 있다. 사레니의 이론대로라면 시장기제가 주도하는 경제에서 시장은 불평등의 원인이며 재분배 기제는 평등화 효과를 가져야 한다. 시장에 의한 계층화는 기업가, 기술관료와 전문기술자들을 상층으로 진입시키고 기술이 없는 관료는 시장전환의 실패자가 되어야 한다. 그러나 현재 중국 사회는 기술이 없는 권력 엘리트나 기술이 있는 권력 엘리트를 불문하고 모두 여전히 삶의 기회 면에서 우세한 위치를 차지하고 있다(陸學藝 2002; 李强 2002; 陸學藝 2004; 李春玲 2005).

물론 로나타스의 주장처럼 간부들이 재분배 권력을 사회적 자원으로 전환해 점유하기 때문이라는 해석도 가능하지만 시장제도가 전반적으로 활성화되는 가운데 기존 권력 엘리트가 어떻게 자원의 전환을 마음대로 할 수 있는가에 대해서는 설명이 부족하다. 중국에서 상이한 유형의 권력 엘리트가 어떻게 모두 시장전환의 수익자가 될 수 있는가를 해석하지는 못한다. 이는 기존의 연구들이 사회주의 행정 엘리트 권력을 재분배 권력으로 봄으로써 제도의 변화에 따라 나타나는 새로운 권력형태에 주의를 기울이지 못하고 있기 때문이다. 이 연구들은 국가 사회주의의 권력 중앙이 가진 권력의 기초가 무엇인지, 이런 권력이 시장화 과정에서 상이한 단계의 제도를 통해 어떻게 이익을 점유하는지에 대해 진일보한 분석을 내리지 못하고 있다. 결국 중앙정부의 공공권력만을 재분배 권력으로 보고 왜 현재 중국의 상이한 유형의 권력 엘리트가 여전히 생활기회에서 우세한 지위에 처해 있는지를 해석할 방법을 제시하지 못한다. 시장제도에서 재분배자는 어떤 유형으로 살아남는지, 그리고 재분배 권력이 시장제도에서 어떻게 자원을 재분배할 수 있는지, 시장제도에서 재분배 권력이 분배할 수 있는 것이 무엇인지에 대해 설명할 수 있어야 한다.

비교적 관점의 초기 연구 이후 이의 결함을 보충하기 위해 드질라스(Djilas)의 사회주의 권위구조의 분석과 신제도 경제학의 재산권 제도 분석을 결합하고, 여기에 소렌슨(Sorenson)의 재산권 교역의 렌트(rent) 개념을 사용해 사레니의 제도주의 불평등 이론을 확장시킨 중국 사회계층 연구가 진행되었다(Walder 1995; 張宛麗 1996; 李强 1999; 李路路 1999; Zhao & Zhou 2002 등). 이 연구들은 자원의 배치, 단위, 호구, 노동, 인사 등 국가의 기본제도에서 파생된 제도를 통해 시장개혁 과정에서 경제, 정치권력이 계층화에 어떤 작용을 미치는지 살펴보았다.

중국 사회계층 연구 검토

비교적 관점에 의한 연구와 더불어 중국 사회구조의 변화를 파악하기 위한 전제로서 중국 사회계층의 변화과정과 현황에 대한 연구가 시급했다. 따라서 많은 연구들이 시장경제와 발전, 소유개혁과 관련해 새롭게 생겨나거나 분할되는 계층의 분화현상을 추적하는 데 주력해 왔다(謝維和 1993; 李江濤 1993; 劉兆佳 1994; Nee & Matthews 1996; 米加寧 1998; 李路路 1999; 張鴻雁 2000; 許欣欣 2000; 李路路 2002; 段若鵬 2002). 90년대 초기의 계층연구는 계층의 개념과 새로운 계층을 어떻게 볼 것인가에 초점이 맞추어졌다. 리창(李强)은 1993년 저서를 통해 계급 개념이 아닌 계층에 대한 개념 규정을 통해 계층화에 대한 새로운 인식을 만드는 계기를 제공한다(李强 1993). 이후 그는 지속적인 계층 연구를 통해 새로운 계층의 특성을 규정짓고 이를 범주화하는 시도를 진행해 왔다(李强 1997). 또한 주광레이(朱光磊)는 출판 당시 상당한 주목을 받은 계층화 관련 연구서를 펴내기도 했다. 이 자료는 사회구조 변화과정에서 새롭게 생겨난 신계층인 자영업자(個體戶)와 사영기업주뿐 아니라 관료, 지식인, 대학생, 군인 등을 계층화의 대상에 포함시켜 이들의 분화과정과 경제적 상황을 조사하고 각 계층의 정치적 성향에 대한 특징을 분류하려는 노력을 기울였다는 데 그 의미가 있다(朱光磊 1994). 이 연구들은 이론과 상관 지표로 계급계층의 구분을 진행한 연구들이라 할 수 있다.

90년대 후반부터는 중국 사회구조와 계층구조를 연결짓는 작업이 진행되었고 계층화의 현상을 파악함으르서 현 단계 중국 사회가 어떤 정체성을 가지고 있는가를 진단하는 작업을 하게 된다. 쑨리핑(孫立平)은 90년대 중기부터 단열(斷裂)사회라는 개념을 통해 중국의 계층화가 구조화되고 있으며 이미 중국 사회는 상층사회(강세집단)와 하층사회(약세집단)로 구분된다고 보았다(孫立平 2003, 59-67). 캉샤오광(康曉光)과 마찬가지로 쑨리핑은 개혁과정에서 엘리트 연맹이 발생해 정치, 경제, 문화 엘리트의 상호 결합 추세가 나타나고 있음을 강조한다. 신마르크스주의자들의 서구 사회계층을 보는 시각과 유사한 쑨리핑의 연구는 엘리트 결합을 통한 이의 교환과 공공자원의 분배와 독점이 엘리트 계층과 평민계층 간의 극명한 대립을 보여준다고 말한다. 결국 중국의 사회계층 구조가 양극화되어 중간층은 적고 하층은 많은 기형적 구조를 형성하고 있다는 것이다.

중국 사회과학원 사회학연구소는 『당대 중국 사회계층 연구보고』(當代中國社會階層研究報告)를 통해 노동자와 농민계층의 세력약화와 이를 대신해 사회적 영향력을 증대시키고 있는 관리자, 사영업자, 전문가 계층의 실태를 정치, 경제, 문화적 측면에서 고찰하고 있다(陸學藝 2002).[2] 이 보고서는 조직자원(정치자원), 경제자원, 문화자원의 점유상황에 근거해 중국인을 10개의 사회계층으로 분리하고 있다. 루쉐이(陸學藝)에 주도된 이 연구는 중국 사회가 몇 개 등급의 계층으로 구분되었고, 중간층이 많아짐에 따라 피라미드에서 다이아몬드(럭비공) 유형으로 가고 있으며, 상승 이동의 기회가 많아 사회 하층이 축소된다는 긍정적 시각을 담고 있다. 이 연구는 각 계층이 경제지위(소득과 재산 등)와 사회지위(직업 명망이나 경제사회적 지위지수 등) 그리고 기타 방면에서 현저한 차이가 존재하는지를 보고 계층지위가 개인의 사회경제 상황을 결정하거나 영향을 미치는 중요한 요소인가에 관심을 가지고 있다. 계층요소가 사람들의 경제사회적 차이를 유도하는지 혹은 연구자가 분류한 계급계층이 경제사회적 차이를 반영하는 유효한 분류 기준인지를 검토한다.

리루루(李路路)의 경우는 사회계층의 구조화와 재생산을 얘기하는데, 구조화는 사람들 간의 경제사회적 차이가 지속화, 안정화하고 이로서 계급계층 구조가 출현하며 경제지위의 차이가 사회생활 각 영역까지 확산되어 계급계층 지위가 사람들의 유동기회, 생활방식, 사회태도와 행위취향에 영향을 준다는 것이다. 재생산 이론은 부르디외(Pierre Bourdieu)가 1984년 제기한 것으로 계급지위의 지속적 영향을 강조한다. 리루루는 중국 사회가 급격한 변화를 겪었으나 계층화의 위계질서, 사회계층의 상대적 위치와 관계가 연속된다고 보았다. 그는 정형화와 규칙화 개념을 통해 현재 경제사회 차이와 자원분배 기제가 고정화되면서 계층의 구분이 명확해진다고 주장했다(李路路 2003). 계층이 소비행위, 생활방식, 가치관념과 정치태도에서 차이

---

2 이 연구서는 5개의 지역 광둥성 선전시(深圳市), 안후이성 허페이시(合肥市), 푸젠성 푸칭시(福清市), 후베이성 한촨시(漢川市), 구이저우성 전닝현(鎭寧縣)을 조사대상으로 했다. 이와 관련된 자세한 사항은 4장에서 설명할 것이다.

가 있는지를 조사하고 계층지위가 개인의 태도와 취향, 행위방식에 영향을 미치는지, 특정한 계층문화와 의식을 형성하고 있는지에 관심을 가진다.

리창은 최근 다원적이며 상호 교차적인 계층화 현상에 대한 연구를 통해 현재 중국 사회에는 아직까지 경계가 명확한 계층분할이 존재하지 않는다고 주장한다. 중국 사회는 아직 파편화되어 있고 몇 개의 계급이나 계층으로 모이는 흔적을 보이지 않는다는 것이다. 리페이린(李培林)도 리창과 유사한 생각을 갖고 있는데, 그는 특히 사회적 관념의 파편화를 예로 들어 사람들의 사회적 태도와 행위에서 계층적 영향이 뚜렷하게 나타나지 않는다고 본다. 이는 후기 현대주의 이론과 유사하다(李培林 2004).

이상의 연구들이 주목하는 것은 계층화 현상이며 어떠한 기준에 의해 어떠한 다양한 계층들이 사회의 자원을 점유해 나가는지, 그리고 이러한 계층화가 중국의 사회구조를 어떻게 바꾸고 있는지에 관심을 기울인다. 기존의 연구와 대비해 최근 나온 중국 사회계층 연구에서 가장 주목할 책은 리춘링(李春玲)의 저서이다. 그녀는 중국 사회의 계층화에 대한 시각을 어떻게 볼 것인가에 대한 문제 제기를 통해 상당히 깊이 있는 계층 연구서를 내놓았다. 리춘링은 다양한 계층화 기제(경제기제, 사회명망 기제와 소비 기제)와 계층화 시각(사회유동, 지위획득, 계층지위와 사회태도간의 관련 등)을 종합적으로 조사했다(李春玲 2005). 사회유동과 지위획득 분석을 통해 계층지위가 개인의 인생역정, 발전기회나 생존상황을 개선할 기회를 만드는 데 영향을 미치는지를 보여준다. 즉 계층이 사회 구성원을 구분하는 주요한 요소인지, 사람들의 사회경제적 차이를 일으키는 주요기제인지, 이러한 기제가 어떻게 작용을 발휘하는지, 어떻게 개인을 상이한 사회적 위치에 분배시키는지를 고찰하고 있다.

결국 중국의 계층구조와 관련해서 관건은 중국 사회가 양극분화로 갈 것인가 보편부유로 갈 것인가의 문제이다. 이는 중국이 분화되어 단열되는 사회가 될 것인가, 중산계층이 다수를 차지하면서 사회를 주도하는 역할을 할 것인가의 문제이다. 계층화가 일어나는 것이 필연적이라고 해도 계층화가 합리적인가 불합리한가, 정상인가 비정상인가에 대한 분석도 필요하다. 현재 중국 사회계층에 대한 연구는 일정의 정량분석을 기초로 하면서 기본적으로 국제사회학 사회 계층화 연구의 주류 모델로 그들의 연구를 전개하고 있다. 이는 명확한 연속성이 있고 학술지식의 누적과 상관문제에 대한 인식의 심도를 깊게 한다. 그러나 통계분석을 통한 미시적 연구는 거시적이고 종합적인 이론의 결여로 나타나기도 한다. 그래서 미시적 연구와 더불어 거시적 이론과 개념을 통해 중국 사회계층 현상을 분석하는 것이 필요하다. 이러한 이론과 개념의 구조는 체계적이어야 하며 이론과 실증연구가 적절하게 배합되는 것이 중요하다.

무엇을 이야기하려고 하는가?

본 연구는 기존 연구를 토대로 해서 개혁 이후 시장전환 과정에서 중국 사회계층이 생겨나는 배경과 사회계층화의 현황이 어떠한지를 살펴보고자 한다. 또한 사회계층과 관련된 다양한 미시적 자료를 통해 중국의 사회계층 형성과 이로 인한 불평등의 문제가 중국 사회에 어떤 함의를 지니는지를 거시적으로 논의해 보고자 한다. 우선 중국 사회계층의 형성은 중국 사회의 구조 변화와 연관된다. 일반적으로 계층화는 공업화, 도시화, 시장화에 의해서 생겨나는데 중국의 경우는 개혁개방 이래 추진되어 온 경제개혁에 의해 주도되었다. 경제개혁은 과연 어떤 계층화의 원인을 제공했는지, 개혁은 불평등 현상을 확대했는지 아니면 축소했는지의 문제는 개혁의 양면성을 볼 수 있는 기회를 제공할 것이다. 더불어 현재 중국의 계층구조를 형성하는 가장 중요한 원인이나 사회적 공간이 어디에 있는지도 밝혀 내고자 한다. 어떠한 원인이 경제적·정치적·사회문화적 자원 분배의 차이를 야기하는지, 어떠한 사회구조적 요인이 사람들로 하여금 상이한 유형 혹은 상이한 수량의 자원을 가지도록 하는가에 대한 해답을 통해 이러한 차이가 어떤 정치, 사회적 결과를 가져오는지를 규명할 수 있을 것이다.

둘째, 중국 사회계층의 구분 기준과 구체적인 구성 현황을 살펴보고자 한다. 이는 중국에서 새롭게 형성되는 사회계층을 어떠한 기준으로 구분하고 있는지, 기존의 계층구분 기준과는 어떠한 차별성을 가지는지, 중국 사회가 가지는 독특한 사회계층의 구분이 있는지에 대한 의문을 풀어줄 것이다. 더불어 계층을 구분하는 요소들이 계층 간에 어떻게 편중되어 있는지를 알아보고 각 계층의 경제적 상황, 사회적 지위, 정치적 영향력이 어느 정도인지를 규명하는 작업을 통해 계층의 현황과 계층 사이의 역학 관계를 나타내고자 한다. 중국에서 제시된 기준에 의해 계층구분을 했을 경우, 현재 중국 사회에는 몇 개의 대표적인 계층이 존재한다. 이러한 사회계층의 구성내용을 살펴봄으로써 중국의 사회계층이 어떻게 구성되는지, 이전 사회계층 구성과 어떤 차이를 보이는지, 어떤 사회계층이 현재 중국 사회에서 중요한 위치를 차지하고 있는지를 알 수 있을 것이다.

셋째, 중국 사회계층의 계층인식과 계층구조의 유연성을 가늠할 수 있는 사회이동의 구조에 대해 규명하고자 한다. 계층인식은 계층지위와 연관되는데, 현재 중국 사회에서 계층지위가 사람들의 생활방식, 태도와 행위에 영향을 미치는지, 현재 명확히 구분되는 계층문화가 존재하는지에 대해 알 수 있는 통로를 제공할 것이다. 계층을 구분하는 정치, 경제, 사회적 자원의 기준이 사회의 계층화를 나타내는 표층구조라면 계층에 귀속된 사람들의 계층인식은 사회계층의 심층구조라고 할 수 있다. 현상으로서의 사회계층 형성뿐만 아니라 각 계층을 형성하는 구성원들이 구체적인 사회문제에 대해 상이한 인식과 이해관계를 가진다는 것은 사회 내 이익충돌의 가능성을 의미한다. 특히 빈곤계층의 경우 자신들의 삶이 불안하다고 인식할 때 사회에 대한 불만이 커지게 되며 사회로서는 위기가 더 가중될 수밖에 없다. 이러한 인식과 더불어 사회계층 구조가 사회에 미칠 수 있는 또 하나의 영향은 과연 한 개인은 자신의 노력에 의해 사회이동을 할 수 있는가에 대한 문제이다. 개인은 어떻게 새로운 계층, 직업 혹은 소득집단으로 범주화 하는지, 영구적인 하층계층이 존재하는지, 직업의 획득이 어느 정도 두뇌, 근면, 교육, 진취성, 사회관계와 개인의 운으로 결정되는지의 문제는 한 사회의 개방성과 유연성을 보여준다. 그런 의미에서 계층인식과 사회이동을 살펴보는 것은 부의 고착화가 아닌 사회자원의 환원이 가능한지를 규명하는 데 도움이 될 것이다.

넷째, 중국 사회계층을 등급구조로 봤을 때 사회적 영향을 가지고 있는 중산계층과 빈곤계층의 현황과 의미에 대해 살펴보고자 한다. 서구 사회에서 중산계층은 사회구조를 평형화하는 역할을 한다. 중산계층이 확대될수록 자본주의 사회가 가지는 양극화를 줄일 수 있다고 말한다. 그렇다면 중국의 사회계층 형성에서 중산계층은 존재할까, 만약 존재한다면 어떤 개념을 통해 규정할 수 있을까, 중국 사회에서 중산층의 영향력은 어느 정도이며, 서구에서 인식하는 것처럼 중국 사회에서도 중산계층이 긍정적인 역할을 할 것인가. 이러한 의문에 대한 해답을 구하기 위해 중국 중산계층의 형성과 사회, 정치적 역할을 중점적으로 논의해 보려 한다. 더불어 사회주의 체제에서 주된 계층일 수 있는 노동자, 농민계층의 빈곤화 현상을 살펴보고 이것이 중국에서 가지는 함의는 무엇인지를 알아보고자 한다. 앞에서도 이야기했듯이 계층화는 불평등의 문제를 가져온다. 계층분화에서 최하위에 속하는 빈곤계층은 시장의 산물이라고 해도, 양극분화를 통해 빈곤계층이 많아지고 빈곤이 악화되는 것은 사회에 합리적인 분배기제가 부재하다는 걸 의미하며 빈곤계층을 사회 불만세력으로 양산하는 결과를 가져온다. 중국에서 빈곤계층은 어떠한 불평등의 결과를 보여주는지, 앞으로 중국의 계층구조 변화는 중국 사회의 불평등을 완화시킬 것인지 아니면 더 심화시킬 것인지, 현재 나타나는 불평등을 완화시키기 위한 빈곤계층 대책은 어떤 것들이 있는지, 그 실효성은 어느 정도인지를 밝혀냄으로써 중국 사회가 안고 있는 계층문제를 진단해 보려 한다.

한 사회의 계층현상은 복잡한 사회구조를 이해하는 하나의 방법이다. 사회구조는 한 사회에서 각종 사회집단의 역량 사이에 형성된 상대적 안정 관계를 가리킨다. 중국은 개혁과 시장경제 도입과 더불어 구조적 변화를 겪고 있으며 계층구조에도 급격한 변화가 발생했다. 다양한 계층이 생겨나는 것은 한 사회의 발전단계에서 필연적인 것이지만 현재 중국 사회가 당면한 수많은 장애와 문제는 일정 정도 사회계층 구조 그리고 이와 관련된 계층화와 연관된다. 이론과 실증의 측면에서 이러한 새로운 사회계층 구조의 생성과정과 현상을 탐구하는 것은 중국 사회의 현재와 미래를 가늠하는 중요한 관건이 될 수 있을 것이다.

제2장

중국 사회계층의 형성과 계층화 특징

개혁 이전 중국의 사회계층

근대의 격동을 지나 새롭게 건설된 신중국 초기 중국 사회에는 지주, 자본가, 개명한 신사(紳士), 부농, 중농, 지식인, 자유직업인, 종교인, 수공업자, 소상인, 빈농, 노동자, 빈민 등의 계급이 남아 있었다(李强 1993, 61). 새로운 중국은 토지개혁과 농업 집체주의 정책 등 사회주의로의 개조를 실시하면서 농촌에서는 지주, 부농 계층을 도시에서는 자본가, 기업가 등 상층계급을 몰락시켰다(Davis 2000a). 하층계급을 형성하던 농민과 노동자 계급은 신중국 건설의 주역이었고 계급 없는 사회를 부르짖던 혁명의 분위기 속에서 이들을 억압하던 지주와 자본가 계급이 사회주의 중국에서 설자리를 잃게 된 것이다. 그러나 과연 개혁 이전 사회주의 중국은 완전한 무계급 사회였을까? 서론에서 밝혔듯이 계급이라는 범주로 본다면 개혁 이전의 중국을 계급사회라고 보기는 어렵다. 그렇다면 계층화 현상도 보이지 않는 완전한 평등사회였을까? 모든 사람이 정치, 사회적으로 동등한 지위를 가지지 않는 한 평등한 사회는 불가능하다. 그럼에도 개혁 이전 중국 사회에 계층화 현상이 나타났는가에 대해서 혹은 그 정도에 대해서는 여전히 논란이 끊이지 않는다. 당시의 중국 사회가 현대사회와 같은 다양하고 복잡한 계층구조를 가지고 있지는 않았으나, 일종의 신분제를 유지하는 유사 계층

구조를 가졌다고 보는 견해도 있고 중국에서 나타난 계층화가 경제적 요소를 제외한 정치적 변수로 인한 계층화에 불과했다고 보는 시각도 있다(李强 2002a, 12-20). 개혁 이전 중국 사회에 계층이 존재했다는 사실을 부인하기는 어렵다. 신중국 초기의 계급이 모두 없어진 것은 아니며 큰 분류로 노동자, 농민, 지식인 계층과 간부 계층이 있었다. 간부 계층은 당정 간부, 사무직, 경영인과 전문기술자를 포함했으며 노동자는 일반적인 산업 노동자와 서비스직에 근무하는 사람들을, 농민은 농업에 종사하는 사람들을 총칭했다.

개혁 이전 중국 사회의 평등화 정도

계층의 존재에도 불구하고 개혁 이전 중국 사회가 비교적 평등했다고 보는 견해는 서방 학자들에 의해 주장되었다. 마틴 킹 화이트(Martin King Whyte)는 "중국의 불평등과 계층화"라는 논문을 통해 신중국 건설 이후 새롭게 등장한 간부 계층이 일종의 특권을 누린 것은 사실이라고 말한다. 예를 들면 간부들은 독립적으로 관리되는 주택에 살았고, 물품을 공급하는 상점에 자유롭게 드나들 수 있었으며, 자녀들을 특별하게 설립된 학교에 보낼 수 있었다. 그러나 특권을 향유하는 간부의 수는 매우 적었고 특권도 소련과 동유럽 사회주의 국가에 비해 적었다(Whyte 1975, 684-711). 이는 개혁 이전 시기의 중국이 다른 사회주의 국가보다 평등한 사회였다는 것을 말해준다. 패리시(William Parish)도 당시 중국인들의 소득과 소비를 통한 계층별 조사를 통해 개혁 이전 중국 사회가 비교적 평등한 사회였음을 보여준다. 패리시는 중국에서 홍콩으로 건너온 이민자들에 대한 인터뷰 조사를 통해 개인소득을 놓고 봤을 때 1970년대 중국의 지니계수가 0.20으로 중국의 소득 불평등이 다른 자본주의 국가보다 낮다는 걸 증명했다. 또한 그의 연구는 당시 중국의 사회계층이 선천적 조건에 의해 영향을 받지 않는다는 걸 입증했다.[1] 한 사회의 평등 정도는 사람들이 어떻게 교육, 직업과 소득의 기회를 얻는가를 통해 가늠할 수 있다. 1970년대 중국 사회에서 한 개인은 교육이나 직업, 소득 등의 사회적 지위를 획득할 때 가정배경이나 선천적 조건에 의존하지 않았다. 결국 이는 당시 중국 사회의 기회 분포가 비교적 평등했다는 걸 말해준다.

개혁 이전 중국 사회 평등화에 대한 반론

위의 연구가 개혁 이전 중국이 다른 사회에 비해 평등한 계층구조를 가졌다는 걸 말해주지만 그럼에도 개혁 이전 중국 사회에서 간부 계층이 가지는 존재감을 간과했고 개혁 이전 시기에서 1970년대라는 문혁시기의 특징만을 부각시킨 측면도 있다. 평등화를 강조하다 보니 마치 개혁 이전 중국 사회에 계층질서가 전혀 없었다는 것처럼 오해 받을 수 있다. 신중국 건설과 함께 중국의 당면과제는 국가체제를 갖추어 나가는 것이었다. 계획경제와 더불어 실시된 체제 정비에서 간부들은 국가 재산의 재분배 권력을 갖게 된다. 중국의 사회주의 개조는 정치권력과 재산권을 집중시켰는데 국유화와 집체화가 국가 정치권력의 힘에 의해서 만들어졌기 때문이다. 국가 정치권력과 재산권의 결합은 국가가 경제를 지배하는 합법성을 부여하게

---

1 문혁 이전과 문혁시기를 비교한 그는 중국 대륙 각 성 50개 도시와 진에서 온 이민자 133명을 인터뷰해 2,865개의 표본을 모아 연구를 실시했다(Parish 1984, 84-120).

된다. 이로써 권력, 경제 소유권, 통제권이 새로운 엘리트 계층인 간부들의 수중에 들어갔다. 각급 정부의 간부들은 공장장, 사장의 지위를 통해 그들에게 위임된 국유기업을 경영 관리하게 되었다. 기업 경영자가 다른 자본주의 사회에서처럼 잉여 취득을 할 수는 없었지만 이들의 잉여에 대한 재분배 권력은 간부라는 지위를 강력하게 만드는 힘이 된다. 이러한 공유재산에 대한 점유와 재분배의 과정에서 또 다른 상층계층을 형성한 간부들은 노동자, 농민과 구별되는 권력을 갖고 있었다. 이로써 중국 사회에는 또 다른 불평등 구조가 형성되고 새로운 사회 위계를 규정하는 제도와 정책이 실시되었다.

간부의 특권과 더불어 단순한 계층구조라 하더라도 사람들이 자유롭게 계층이동을 할 수 없었다는 것은 당시 중국 사회가 평등한 사회였다는 데 의문을 갖게 한다. 산업이나 시장이 발달하지 않은 중국의 특수한 경제구조는 계층이 분화되는 자극을 갖고 있지 못했으며 경제구조 이외에 중국에서 실시하던 제도 장벽은 계층화를 방해하는 요소로 작용했다. 그 대표적인 것이 농민의 도시 진입을 막은 호구(戶口)제도이며 노동자의 신분을 제약하던 당안(黨案)제도이다. 1940년부터 개혁이 시작되던 1979년까지의 계층변화와 관련된 조사자료에 의하면 전체 농민계층 중 5.2%만이 다른 계층으로 이동했음을 알 수 있다. 이 중 3.1%의 농민이 노동자가 되었으며 2.1%가 간부가 되었다. 호구제도나 당안은 매우 엄격하게 실시되었으며 세 가지 계층 중 가장 상위에 존재하는 간부로 충원되는 농민과 노동자의 수는 극히 적었다. 물론 매년 소수의 노동자를 간부로 진입시키는 지표가 있었으나 소수에 불과했다. 간부 계층에서도 가장 높은 지위에 해당하는 당정 간부의 경우 전문기술자라 하더라도 기관의 간부나 기업의 간부집단으로 이동하는 데에는 큰 어려움이 있었다. 개혁 이전 중국 사회에서 전문기술직은 간부집단에서도 변방이었고 불안정한 지위에 있었다. 이들 중 1.5%만

〈그림 1-1〉 1980년 이전 사회이동 경로와 장벽 (세대 내 이동)

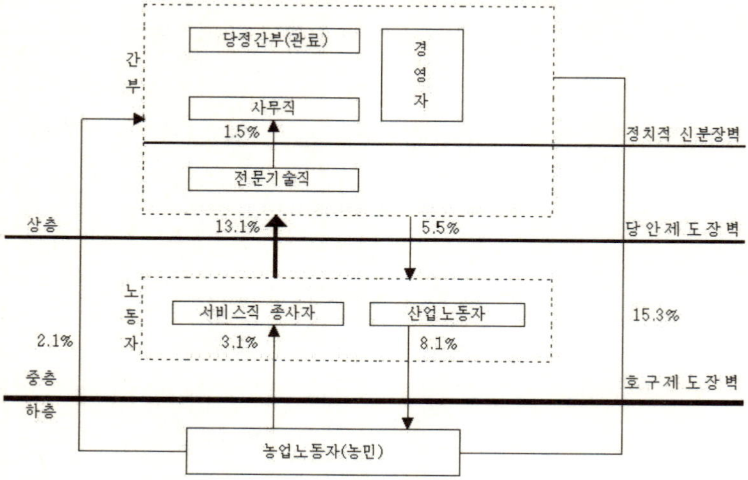

출처 : 李春玲(2006, 26).

이 정치시험을 통과해 기관이나 기업의 간부가 될 수 있었다(〈그림 1-1〉 참
조). 이러한 두 가지 장벽은 특수한 제도였고 정부는 행정수단을 통해 모든
사람의 신분을 고정시키고 그에 상응하는 사회보장과 복지를 제공했다. 개
혁 이전 중국의 사회구조는 혁명에 의한 구조 전복이라는 초기적 특징이
없어지면서 사람들의 사회이동을 제한하는 형태를 띠게 된다.

개혁 이전 중국 사회의 정치적 계층화

이상의 설명에서 알 수 있듯이 개혁 이전 사회계층의 변화가 전혀 없었던 것은 아니며 여전히 일정 비율의 계층화는 유지되고 있었다. 개혁 이전 제도적 장벽이 사람들의 계층변화를 제한하기는 했으나 동시에 정치적 요인에 의해 상, 중, 하층 간의 이동구조를 가지고 있었다. 계층의 변화를 가져다주는 정치운동으로는 노동자와 농민으로 간부를 대체하는 정책이나 과도기의 정치운동을 통해 간부나 지식인이 노동자와 농민이 되기도 하고 역으로 문화혁명 시기처럼 노동자와 농민이 성 이하 각급 혁명위에 진입해서 간부가 되는 사례 등이 있었다. 사실상 개혁 이후에도 농민이 간부가 되는 것, 더구나 당정 간부가 되는 계층이동은 매우 어렵다. 노동자의 경우는 농민과는 조금 다른 양상을 보인다. 리춘링의 조사에 의하면 1979년까지 13.1%의 노동자가 간부로 진입했는데, 이는 시장 사회주의가 실시된 1990년대의 9.3%에 비해 높다. 이는 개혁 이전 노동자의 상승 기회가 현재에 비해서 용이했다는 걸 말해준다. 개혁 이전의 사회구조가 보여주는 또 다른 재미있는 현상은 당시 중국이 가진 정치 이데올로기의 작용으로 간부가 농민(15.3%)이나 노동자가 되는 비율이나(5.5%) 노동자가 농민이 되는 비율(8.1%)이 상대적으로 높았다는 것이다(李春玲 2006, 29). 개혁 이전 이러한 계층이동 기회의 획득은 경제적 요인이나 개인의 노력에 의한 것이라기보다는 대부분 정부가 특정 시기에 채택한 특수한 정책에 의해서였으며 대체로 중국 정부는 실제적으로는 계층구조와 계층화를 통제했다. 이를 통해 개혁 이전 중국 사회가 특수한 계층구조를 가지고 있었으며 일반적인 사회와 달랐음을 알 수 있다. 국가는 제도장벽을 설치함과 동시에 일시적인 사회이동 기제를 만들어 상하층이 소통하게 함으로써 상층의 폐쇄성과 배타성이 형성되는 것을 일정 정도 제어했다. 이로 인해 고정된 사회구조는 때때로 유연성을 발휘한 측면이 있었다.

개혁 이후 중국 사회계층 구조의 변화

개혁 이전 중국에 일정 정도 계층의 형성과 이동이 있었다 하더라도 본격적으로 다양한 계층이 생겨나거나 계층 간 이동이 자유로워진 것은 개혁개방 이후 사회구조가 변화되기 시작하면서부터이다. 중국의 개혁개방은 사회구조를 유지하던 정책과 기제를 변화시켰고 새로운 제도와 법규가 생겨나면서 사회가 분화되고 계층 또한 새롭게 재구성되었다. 사회구조 변화의 속도는 농촌사회에서 더욱 급속하게 진행되어 농민들이 여러 가지 계층으로 이동하게 된다. 1978년 시작된 농촌경제 체제 개혁은 농민 관리 체계의 완화와 집체시장(集体市場)의 발전을 촉진했고 농촌생산과 유통은 활발해지기 시작했다. 이러한 상황하에서 몇십 년간 압박당하던 농촌 과잉 노동력은 더욱 큰 활동공간을 찾아내게 되었고 서로 다른 형식으로 노동의 전이를 시도해왔다. 잉여 농업 노동력의 도시로의 진입을 가로막던 호구제도가 느슨해지면서 다양한 통로의 사회이동과 취업기제가 형성된다.[2] 1990년대 초까지 48.4%의 농민이 다른 사회계층으로 이동한 것으로 나온다(陳家驥 1990; 陸學藝 1992). 이러한 사회이동은 농촌에서 도시로뿐만 아니라 도시 내부에서도 진행되었는데, 사회 구성원들이 계층 간에 자유롭게 이동하고 직업을 스스로 선택함으로써 새로운 계층에 진입할 가능성이 열려지게 되었다. 비중이 적거나 존재하지 않던 사회계층들이 개혁 이후 새로 생겨나거나 비중이 커지는 현상도 나타났다(〈표 2-1〉 참조). 개혁과 더불어 사회

---

2 농촌 잉여 노동력의 도시로의 유입은 대체로 3가지 유형으로 분류할 수 있다. 첫째는 '망류'(盲流)라고 불리는 것으로 무작정 상경하는 것을 의미한다. 두 번째는 품을 팔거나 서비스업에 종사하기 위해 도시로 오는 것으로 건축 일용업이나 환경미화원, 파출부(保姆) 등이 여기에 속한다. 세 번째는 독립적인 자영업자로 이들에 의해 도시의 상공업 발전이 촉진되었다(王春光 1995, 46-47).

<표 2-1> 중국 사회계층 구조의 변화(1952~99)(단위 : %)

연 도 계층구분	1952	1978	1988	1991	1999
총 계	100.00	100.00	100.00	100.00	100.0
국가와 사회 관리자	0.50	0.98	1.70	1.96	2.1
경영인	0.14	0.23	0.54	0.79	1.5
사영기업주	0.18	0.00	0.02	0.01	0.6
전문기술직	0.86	3.48	4.76	5.01	5.1
사무직	0.50	1.29	1.65	2.31	4.8
자영업자	4.08	0.03	3.12	2.19	4.2
서비스직 종사자	3.13	2.15	6.35	9.25	12.0
(농민공)	-	0.80	1.80	2.40	3.7
산업 노동자	6.40	19.83	22.43	22.16	22.6
(농민공)	-	1.10	5.40	6.30	7.8
농업 노동자	84.21	67.41	55.84	53.01	44.0
(외래농민)	-	0.00	0.10	0.20	0.1
무직, 실업, 반(半)실업자	-	4.60	3.60	3.30	3.1

출처 : 陸學藝(2002, 44).

구조의 분화와 재조직이 만들어 낸 새로운 사회계층으로는 자영업자(個體戶), 사영기업주(私營企業主), 경영인(承包廠長經理) 계층 등을 들 수 있다. 이러한 새로운 계층의 구성은 사회 내 집단의 분화가 일정 규모에 달했다는 것이고 개인의 분화도 누적된 결과이다. 새로운 계층의 출현은 역으로 사회 전체 구조에 직접적이고 중대한 영향을 미치게 된다.

중국의 사회계층 구조 변화는 1980년대와 1990년대가 다른 양상을 보인다. 개혁 초기 10년간 보통 농민과 산업 노동자는 경제소득이 빠르게 증가했고 자영업자, 사영기업주의 소득은 일반적으로 사람들 평균 소득의 3-5배가 높았다. 반면 관리자(간부)와 전문기술자의 소득은 상대적으로 완만하게 상승하거나 상대적 하강을 보였으며 이 시기 경제분화는 뚜렷하거나 일관된 양상으로 전개되지 않았다. 그러나 1990년대에는 농민과 노동자의 소득이 하강하고 전문기술자 계층의 소득이 증가한다. 또한 1980년대에는 뚜렷한 계층구조가 아직 형성되지 않았으며 현재와 같은 경계를 지닌 계층구조는 1990년대 이후 생겨난다. 1990년대 들어 계층화 현상이 강화되면서 상, 중, 하층 집단이 새롭게 재조직되었다(孫立平 2003). 상층은 사회구조에서 유리한 위치를 차지하고 있는 계층이며 그들이 가진 특권을 유지하고 증가시키기 위해 정치권력을 사용하고 이를 사회구조 형성의 기제로 만들기도 한다. 기업가와 경영자는 국가와 사회 관리자 계층 그리고 전문기술자 계층과 함께 주도적인 사회계층이 되었다. 중층으로 분류되는 전문기술직, 사무직, 자영업자 세 계층은 증가추세에 있으며 이들은 정치권력과 경제자원이 없으나 문화자원 혹은 소량의 경제자원을 보유해 하층과 구별된다. 그들은 일정 정도 상승이동의 기회가 있고 동시에 하층으로 떨어질 가능성도 있다. 하층인 서비스직, 산업 노동자, 농민계층의 블루칼라는 상층의 폐쇄성과 배타성으로 인해 상승이동은 점점 더 제어를 받고 수시로 직장을 잃어 하층으로 떨어질 수 있다. 중국은 이미 계층의 구조화 추세가 나타나고 있으며 새로운 사회계층 구조가 형성되고 있고 사회계층간에 구분선이 점차 명확해진다고 할 수 있다.

중국 사회계층 구조의 형성기제 하나: 시장

계층분화와 관련해서 관심의 대상이 되는 것은 개혁 이전 계층이 어떤 기제를 통해 현재의 계층으로 분화되고 있느냐이다. 개혁 이후 중국에서 계층의 형성과 이동을 가능케 하는 기제에 대해서는 서론에서 설명한 바 있듯이 계층화의 기제가 시장전환인가 아니면 여전히 지속되는 재분배 권력의 영향이 큰가에 대한 논쟁에 주목할 필요가 있다. 물론 계층화가 생겨난 가장 근본적인 계기는 시장의 도입이다. 경제개혁과 시장의 도입으로 기존의 제도적 장벽을 허물었으며 단순한 계층에 속해 있던 중국인들이 다양한 계층으로 분리되는 현상이 나타나게 되었다. 시장경제로의 전환은 근본적으로 재분배 경제에서 권력의 계층화 기제에 대한 작용을 변화시켰다. 그렇다면 시장은 어떻게 재분배 권력이 독점하던 계층화 기제의 일부가 될 수 있었을까? 첫째, 시장이 도입되면서 자원을 통제하는 권력은 대부분 시장교역에서 행사된다. 노동력과 상품의 가격은 더 이상 행정수단이나 정부의 분배가 아닌 매매 쌍방의 상호계약을 기초로 정해진다. 재분배경제에서 시장경제로의 전환은 권력기초가 달라지는 것이고 이제 권력은 재분배 관료에서 시장교환에 종사하는 직접 생산자에게로 전이된다(Parish and Michelson 1996). 이는 직접 생산자의 경제 대가가 재분배자의 대가보다 높다는 걸 의미한다. 둘째, 시장에서 직접 생산자는 더욱 많은 잉여를 누리게 된다. 시장은 국가통제를 벗어난 새로운 이동통로를 열게 되고 이것이 기업주로 하여금 행정 엘리트보다 더욱 많은 재산과 권력을 갖게 한다. 또한 노동력과 상품시장의 출현은 노동자와 소수의 농민들이 그들의 노동력을 스스로 활용해서 국가통제하의 경제에서 얻는 것보다 유리한 교환과 노동조건을 얻게 한다. 이러한 제도 변천이 합쳐져서 행정 엘리트의 상대적 권력과 특권으로 하여금 아래로부터의 도전에 직면케 해 소득분배를 결정하는 기제를 바꾸게 한다. 도시의 경우 기업에 종사하는 전문직과 자영업자의 소득이 높아지며 인력자본의 회수율도 증가하게 된다(Nee and Matthews 1996, 401-436). 이는 인력자본의 경제 대가는 상승하고 권력자본의 경제 대가는 하강한다는 걸 의미한다. 셋째, 재분배자가 독점적으로 행사하던 상향이동의 기회는 이제 시장체제에서 자유롭게 제공된다. 즉 상향이동의 가능성이 단지 재분배 관료에게만 주어지는 것이 아니라 사영기업주에게도 나타난다. 기업가도 관료와 유사한 사회적 성취를 얻어낼 수 있다.[3] 시장요인이 계층화의 기제가 된다는 주장에 의하면 간부 가정은 시간이 지나감에 따라 계층하강이 될 수밖에 없다.

물론 시장은 어떠한 시장인가가 중요하며 단순히 추상적인 시장이 아니라 시장을 규정하는 제도가 중요하다. 자원의 배치, 새로운 시장의 특성은 무엇인지, 이것과 관련된 정치과정이 어떠한지를 보아야만 한다. 즉 어떠한 제도가 비로소 관건인지, 이러한 제도는 어떻게 작용하는지의 문제를 규명해야 한다. 베버와 신베버주의 시각에서 보면 시장에서의 불평등 교환, 예를 들면 시장에서의 독점이 만들어 내는 지배－복종의 관계가 계층을 분화시키는 요인이 되기도 한다. 시장의 교역관계에서 경쟁이 존재하기는 하지만 독점자는 교환의 상대나 교환의 경쟁자에게 가격을 규정해 준다. 즉 자기의 독점적 지위나 기타 우세한 지위를 통해 상대방으로 하여금 일종의 복종과 의존행위를 하게 한다. 이런 상황에서 이익에 대한 의존은 이익 제공자에게 있어 잠재적 권력이고 이런 이익을 제공하는 것이 비로소 권력의 행사이다(李路路 2004, 11-18).

중국 사회계층 구조의 형성기제 둘 : 재분배 권력

중국의 사회주의 시장경제가 가지는 속성은 국가와 시장이 결합된 제

---

3 빅터 니는 1985년 푸젠성 30개 촌의 624개 가정에 대한 조사를 진행했다. 그는 소득으로 본 계층이동을 연구하기 위해 대상 농민 가정이 1975년, 1980년, 1985년 세 시기를 거쳐 어떤 소득계층으로 이동했는지를 추적했다(Nee 1989, 663-681).

도가 계층화의 제도적 기초를 구성한다. 여전히 주된 위치를 차지하는 공적 자산과 이것의 국가에의 위탁은 국가의 공적 권력이 이윤이 아닌 렌트의 형식으로 생산잉여를 취득하고 이러한 잉여를 재분배할 때 지속적으로 재분배 권력으로 자기의 제도적 기초를 강화한다. 즉 개혁 이후 국가의 공적 재산에 대한 위탁 대리관계는 행정적 성격을 갖고 이것이 국가 정치권력과 재산권 간의 독특한 연계방식을 이룬다(邊燕杰 2002). 공유경제의 위탁 대리 모델은 아직도 국가 공공권력이 계층화에 지속적 영향을 주는 제도로 작용한다. 사람들이 가지고 있는 능력과 권력에 따라 사람들은 상이한 계층으로 분화되는데, 재분배 권력 향유자는 사회구조에서 우세한 지위에 속한다. 렌트 능력이 사람의 생활 차이를 결정하는 요인이고 계층화의 동력 기초를 구성하는 새로운 척도가 되는 것이다.

재분배 권력이 사회계층 구조를 형성하는 중요한 요인이 된다는 것을 두 가지 측면에서 알 수 있다. 하나는 조직을 통한 고찰로 단위의 소유제 성격(국유, 비국유)과 단위의 행정 급별을 기준으로 보는 것이다. 국유단위가 비국유단위보다, 급별이 높은 단위가 급별이 낮은 단위보다 재분배 권력이 더 크다. 조사에 의하면 행정 급별에 대한 경제 대가는 해를 거듭할수록 높아지고 집체기업과 비교해서 국유기업의 경제 대가 역시 점차 높아진다. 둘째, 개인을 지표로 한 재분배 권력 기제는 간부나 당원 신분인가 혹은 재분배 권력의 직업에 종사하는가에 의해 결정된다. 조사 결과 재분배 권력 직업의 경제 대가는 점차 높아진다. 특히 당원 신분의 소득대가는 1978년에서 1988년까지는 하강하다가 시장개혁이 전면적으로 전개되는 1993부터는 상승한다.[4] 또 다른 조사는 중국의 경제 발전과정에서 간부나 당원 배

---

4 벤과 로건은 톈진시에서 1978년, 1983년, 1988년, 1993년의 네 가지 시점에 걸쳐 자료조사를 했고 이를 토대로 간부 가정의 소득 추이를 분석했다(Bian and Logan 1996, 739-759).

경을 가진 가정이 일반 농민 가정에 비해 소득 상승에서 현저한 우세를 보인다는 걸 입증했다.[5] 재분배 경제체제가 여전히 작용하기 때문에 정치권력은 하루아침에 그들의 권력을 시장에 빼앗기지 않았으며 빅터 니가 얘기하는 국부개혁 과정에서도 여전히 상당 정도의 경제 대가를 얻게 된다. 이경우 계층의 분류는 공적 권력이 있느냐가 가장 중요한 기준이 되며 이것이 있는 경우 권력 엘리트가 되고, 없으면 사무직이나 전문기술자, 노동자 계층을 형성한다. 권력 엘리트의 경우도 공적 자산에 대한 직접적 통제권을 가지고 있으면 국·공유 기업의 사장이나 경영자가 된다.

사유제도하에서는 재산권 소유자가 인격화되지만 공유 재산에서 소유자는 인격화되기 어렵다. 중앙에서 지방, 다시 구체적인 기업 관리자의 다층적인 위탁 대리 체계에서 최종 위탁인인 전체 인민과 최종 대리인을 대신한 경영자를 제외하면 모든 중간 구성원은 위탁인이면서 동시에 대리인이다. 이들은 상급에 대해서는 대리인이고 하급에 대해서는 위탁인이 된다. 이러한 관계에서 각급 간부, 이러한 간부가 임명한 국유자산 대표나 경영자는 실제로 공유 재산의 통제자이면서도 소유자는 아니며 전체 인민이 비로소 진정한 소유자이다. 그래서 위탁 대리 관계에서 소유자 결핍의 상황이 존재한다. 권력 하방 이후 위탁 대리 관계는 지방정부에 강한 렌트 권력을 부여했다. 어떤 위탁 대리이던 간에, 각급의 상이한 등급의 지방정부는 대부분 관할 구역 내 공유 경제의 잉여 취득자와 통제가가 되었다(Walder and Treiman 2000; 劉欣 2005). 이렇게 지방정부 수중으로 들어간 국가의 렌트 권력은 점점 더 중앙의 통제와 감독에서 벗어나 쉽게 지방권력 장악자의 렌트 능력을 증가시키게 된다. 결국 이 과정에서 지방 간부 계층은 경제적

---

5 니는 간부 계층이 하강하지 않는 현상에 대해 시장개혁이 아직 완전하게 진행되지 않았기 때문이라고 보아 이를 '국부개혁'(부분적 개혁)의 관점으로 설명하고 있다(Nee 1991, 267-282).

으로 상향이동할 기회를 더 많이 갖게 된다.

중국의 시장경제는 중앙권력의 관리에 의거해 진행된다. 이는 재분배 권력이 시장을 필요로 해 권력을 나눠주는 것이며 시장 발전의 주도자가 여전히 국가임을 의미한다. 중국 사회의 계층화는 이익 분배, 사회적 위치, 지역적 차이, 경제발전 수준 등에서부터 공공정책과 정부행위의 편중에 의해서도 영향을 받는다. 중국의 원래의 계획경제가 계획조정과 시장기제가 결합된 형태로 변화하면서 사회의 현대화 과정 중에 여전히 행정적 관여나 정책적 명령이 큰 영향을 미치고 있다. 물론 개혁 이후에 시장기제의 도입을 통해 개혁 이전의 정치적 분화보다는 경제적 분화가 주도적 영향을 미치는 것이 사실이다. 시장기제가 가져온 경제방면의 분화현상이 사회분화를 가속화시키고 정태적 사회구조가 동태적 사회구조로 변했다는 것을 부인하기 어렵다. 결론적으로 중국 사회계층 구조의 형성은 국가가 가진 재분배 권력과 렌트 권력, 그리고 시장에서의 유리한 고지가 계층화의 동력을 제공한다고 볼 수 있다.

중국 사회계층 구조의 특징

중국의 사회계층 구조는 각 계층의 규모의 차이가 있기는 하지만 현대화된 사회계층 구조의 기본요소를 구비해 가고 있다. 그럼에도 중국의 발전과정에서 나타나는 과도기적 특징을 보인다. 첫째, 농민의 기타 사회계층으로의 이동이 가장 많음에도 불구하고 여전히 다수의 노동력이 소농 활동에 종사하고 있다. 농민이 취업 총 인구에서 차지하는 비중은 1978년 67.4%에서 1999년 44%로 낮아졌다. 외지로 나가 일자리를 얻거나 상업에 종사하기도 하며, 향진기업을 운영하기도 하고, 소수이지만 고등교육을 받고 기술자가 되기도 한다. 수억의 농민이 향진기업으로 흡수되어 향진 기업 노동자, 기업가나 관리자가 되었다(李强 2002b, 133-143). 특히 도시화는 현재 중국 농민의 사회이동을 촉진하는 중요한 요인으로 작용한다. 그러나 중국 농민이 전체 계층에서 차지하는 비중은 서방 국가는 물론이고 다른 개발도상국보다도 여전히 높다.[6] 계층구조에서 축소되어야 할 계층이 아직 줄어들지 않고 있으므로 이는 역으로 확대될 계층이 아직 커지지 않고 있음을 반증한다.

둘째, 경제자원을 관리하거나 운영하는 계층의 형성과 확대이다. 중국에서 상층에 속하는 국가와 사회 관리자, 사영기업주와 경영자는 모두 경제 능력을 소유한 사람들이다. 중국의 사영기업주 계층의 규모는 아직 큰 성장을 했다고 보기는 어렵지만 앞으로 이들의 사회계층 구조에서의 비율은 상승할 것으로 보는 것이 일반적이다. 예를 들면 대도시 선전의 경우, 2001년 경영자 계층과 사영기업주 계층이 전체 계층에서 차지하는 비율은 각각 6.7%와 4.2%이다(汪開國 2005, 89). 전체 계층구조에서 차지하는 비율의 상승폭은 그다지 크지 않으나 국가와 사회 관리자 계층의 비율도 상승하고 있는데 이는 경제성장, 도시화 추진과 국가의 사회관리 능력의 확장 때문이다.

셋째, 앞에서도 설명했듯이 정치자본을 가진 간부 계층이 개혁 이후에도 여전히 우세한 지위를 차지하고 있다. 중국의 시장화 과정에서 경제체제 내의 재분배 경제로부터 시장경제의 전환에서 정권의 대체가 동시에 수반되지 않았기 때문에 정치자본의 강력한 지위가 이로 인해 약화되지 않았다. 재분배 체제 내부에서 성장한 시장은 재분배 권력을 가진 사람에게 가

---

6 1998년 말레이시아, 브라질, 멕시코의 농민 비중은 각각 18.17%, 24.19%, 19.79%이다(陸學藝 2002, 48).

장 유리하며 그들의 경제적 혜택은 시장의 발전에 따라 감소되지 않고 오히려 강화된다.

넷째, 1978년 이래 중간층 규모는 매우 빠르게 확장되었다. 중간계층은 두 가지 부분으로 구성되는데, 하나는 구 사회중간층으로 중소 사영기업주, 자영업자와 부유한 자영농이다. 신 사회중간층은 전문기술자, 경영인, 관리자, 사무직, 서비스직과 기술 노동자 등이다. 그런데 현재 전국적 범위에서 중국의 중간층은 확대되고 있기는 하지만 전체적 비율에서는 여전히 낮으며 그 가운데서도 전통적 중간계층 구성이 주이고 현대적 중간계층의 비율은 낮다. 쑨리핑은 정치자본의 강력한 지위로 인해 중산층이 약화되고 있다고 주장한다. 제1장에서 밝혔듯이 그는 소수 계층의 과도한 자원독점이 중간계층의 형성을 저해한다고 보았다. 개혁과정에서 문화자본, 정치자본과 경제자본의 총체적 자본을 가진 엘리트 집단이 출현하고 총체적 자본은 과도하게 사회자원을 독점하고 있기 때문에 수많은 사회계층의 이익을 침범한다는 것이다. 다른 학자들도 중국 사회에서 중간계층이 큰 비중을 차지하지 못하는 이유가 중간계층이 점유해야 하는 자원을 현재 총체적 자본을 가진 엘리트가 독점하고 있어서라고 주장한다(孫立平·李强·沈原 2004, 42-75).

다섯째, 사회계층의 지역적 차이가 현저하게 나타난다. 경제가 발달하지 않은 중서부 지역일수록 사회계층 구조는 단순하고 중간계층 규도는 작다. 경제가 발달한 동부 지역일수록 사회계층 구조는 복잡하고 현대적 사회계층 구조의 특징을 가진다. 이와 동시에 계층 구조의 미발달은 역으로 경제발전을 제약한다. 경제발전 수준과 사회구조에서뿐만 아니라 계층화 현상도 지방정부의 행위방식이나 정책의 다양화에 따라 달라진다. 각 지역들마다 산업과 각종 소유제 점유 비율이 상이함에 따라 투자, 취업, 사회보장에 있어서도 정책적 차이가 생기며 이는 해당 지역에 거주하는 사람들의 계층 진입에 영향을 미친다(北京大學社會分化課題組 1990). 중국 사희계층

구성의 지역적, 도농 차이는 제3장에서 다시 설명하게 될 것이다.

　　마지막으로 서방 사회학에 있어 계층분석은 한 개체가 사회 내의 수직, 수평적 구조에서 처한 위치를 확정하는 것으로 그 분석의 주체는 개인이다. 그러나 중국의 향촌에서 토지 승포 책임제(土地承包責任制) 이후 가족은 농업생산 단위이면서 소비단위이다. 향촌의 문화전통에 있어서 개인은 가족의 일원일 뿐이다. 중국에서 계층화의 주체는 물론 개체이지만 이는 독립된 개인이 아니라 가족을 단위로 한다. 개혁 이래 농촌 공업화의 추진세력은 단일한 정부조직에서 정부와 개인 그리고 민간의 합작조직을 포괄하는 다원화된 형태로 확장되었으며 공업화를 추진하는 역량도 시장기제의 도입으로 인해 단일한 행정조직에서 시장과 민간조직의 역량으로 바뀌었다(王漢生 1992; 朱慶芳 1990). 개인이 단위가 되는 서구의 계층화와는 달리 중국 사회의 계층화는 집단적 분화로 표현된다.

제3장

중국 사회계층의 구분과 기준 설정

생산수단과 노동의 유형

한 사회의 구성원을 각각의 계층으로 구분하는 데 정형화된 기준은 없다. 어떤 기준을 설정해 계층을 구분하는가에 따라 계층구조는 다양한 모습을 띠게 된다. 역사적으로 우리에게 계급이라는 개념을 통해 계층구분의 기준을 처음 제시한 사람은 마르크스라고 말한 바 있다. 마르크스는 생산수단의 점유 상황에 따라 계급을 구분했다. 생산수단을 통한 계급구분을 보면 자본주의 사회에는 생산수단을 점유한 자본가와 이를 소유하지 못한 임금노동자의 양대 계급이 존재한다. 산업사회가 고도로 발달하면서 마르크스의 계층구분 기준은 변용되었고 생산수단 이외에 계층을 구분하는 다양한 기준이 등장했다. 그러나 현재에도 계층을 구분하는 데 가장 기본적인 요소는 경제적 자원이며 생산수단의 소유권, 사용권, 경영권을 가지고 있느냐의 여부가 계층을 결정짓는 중요한 요소로 작용한다. 마르크스는 생산수단을 통해 노동자 계급을 단일한 집단으로 보았지만 신마르크스주의자들은 노동자를 육체노동자와 정신노동자로 구분했다. 정신노동자로서 회사원, 기술자, 생산감독을 노동자 계급에서 분류해 낸 것이다. 이들의 계급구분 기준은 물적 생산에 참여하느냐이다. 정신노동자는 물적 생산에 참여하지 않으므로 자본가를 위한 잉여가치를 만들어 내지 않고 다만 자본가가 육체노동자로부터 취득한 잉여가치의 분배에만 관여하게 된다. 즉 이들은 생산수단을 가지지 못했으나 그렇다고 노동자 계급이라고 볼 수도 없다는 것이다(Poulantzas 1975). 정치적 측면에서도 정신노동을 담당하는 관리자나 감독들은 다른 육체노동자를 감독하고 통제해 자본가의 자본 축적에 일조하게 된다. 물론 물적 생산에 참여하지 않는다 해도 자기 노동을 남에게 팔아야 하고 노동과정에서 자본가나 관리자에게 지배당하는 사무직을 노동자 계급에서 제외시키는 것에 모든 신마르크스 학자들이 동의하지는 않는다. 에릭 올린 라이트(Erik Olin Wright)는 물적 생산이라는 노동의 유형보다는 노동의 지배를 받느냐가 계급을 나누는 더 중요한 기준이라고 보았다(Wright 1985).

사회적 권위와 권력

계층구분을 제시한 또 한 명의 개척자는 막스 베버이다. 베버 역시 생산수단 소유 여부를 계층구분의 기본적 기준이라고 보았다. 그러나 그는 생산수단을 가진 유산자들도 세분화된 계층으로 존재하며 생산수단을 소유하지 않은 노동자들도 교육, 기술 등 시장적 자원에 의해 차등화한다고 본다. 즉 베버는 재산의 소유와 비소유가 모든 계급위치를 결정하는 기본 요건이라는 데 동의하지만 이러한 경제적 구분 못지않게 신분 혹은 사회적 위신과 더불어 권력에 의한 계층구분 기준을 강조했다. 그가 말하는 재산은 사회 구성원의 시장경제에서의 생활 정도이며 개인이 그 경제적 소득을 이용해 상품과 노동을 교환하는 능력이다. 그러므로 소득을 사회계층을 구분하는 기준으로 사용한다. 사회적 권위(authority)는 개인이 처한 사회 환경에서 획득하는 명예와 존경이다. 이러한 기준을 바탕으로 구성원들은 상이한 사회적 신분집단을 만들어 낸다. 사회 신분집단은 동일한 혹은 유사한 생활방식을 가지며 다른 사람으로부터 비슷한 존경을 받는 사람들로 구성되는 집단이다. 정치 기준인 권력은 사회관계에 처한 행위자가 반대를 맞닥뜨려서도 자신의 의지를 실현할 수 있는 가능성이다. 권력은 개인이나 집단의 생산자원에 대한 소유관계에 의해서뿐만이 아니라 개인이나 집단의 관료제도 상에서의 지위에 의해서도 결정된다(Weber 1968).[1] 베버의 구분에 의하면 현대사회에는 세 가지 계급이 존재하는데 자본가 계급, 육체노동자 계급, 중간계급이 바로 그것이다. 중간계급은 다시 고등교육을 받은 전문기술직과 소부르주아층으로 구분된다. 앤서니 기든스(Anthony Giddens) 역시 권력이 계층을 구분하는 중요한 기준이라고 본다. 그가 얘기하는 권력은 베버와는 다른 시장경제에서의 권력을 말한다. 노동시장이든 상품시장이든 시장관계에서 모든 것은 본질적으로 권력관계를 가진다. 계층은 시장능력의 기준에 의해 구분되는데, 개인이 넓은 의미의 시장에 제공할 수 있는 시장적 자원이 권력이다. 시장에서 활용되는 권력은 두 가지로 나타나는데, 하나는 자본 등의 생산수단이며 또 다른 하나는 기술자원으로 고급기술을 가지고 있거나 교육자산을 가진 경우이다. 이 두 가지 자원 중 어느 것도 없는 사람이 제공할 수 있는 것은 노동력이다. 생산수단의 시장능력을 가진 사람들은 상층인 자본가 계급이며, 고등교육이나 전문기술의 시장능력을 가진 사람들은 중간(중산)계급, 육체노동(단순노동)의 시장능력을 가진 노동력을 파는 사람들은 하층인 노동자 계급으로 분류된다(Giddens 1973).

---

1 다렌도르프(Ralph Dahrendorf)와 렌스키(Gerhard Lenski)는 생산수단 대신 권위의 소유가 계급을 결정하는 기본조건이라고 보았다. 지배계급은 권력 또는 권위를 행사할 수 있는 집단이고 피지배계급은 권위를 갖지 못한 집단이다(홍두승 2001, 61-64).

사회적 자원과 문화 자본

마르크스와 베버 이후 산업화와 시장경제가 고도로 발전하면서 두 학자들이 제시한 기준 이외에 계층을 구분하는 다양한 기준들이 제시되었다. 생산수단의 소유 여부를 경제적 기준의 하나라고 보고 권력을 정치적 기준으로 본다면 새롭게 제시되는 기준들은 사회적·문화적 요소를 고루 포함하고 있다. 탤컷 파슨스(Talcott Parsons)는 사회적 역할로 계층을 구분했는데, 직업구분에도 사회적 가치기준을 적용해 사회적 평가가 이루어진다고 보았다. 사회적 평가가 이루어지는 것은 사회적 중요성과 좋고 나쁨을 따지는 것으로 이러한 가치기준이 사회적 역할에 적용될 때 수평적·사회적 분화가 사회적 서열화로 전환된다. 이 경우 계층을 구분하는 기준은 그 사회가 중시하는 가치를 더 구현하는 사람인가의 여부이며 가치를 구현하는 계층이 높이 평가되고 높은 보상을 받는 것이 당연시된다. 킹슬리 데이비스(Kingsley Davis)와 윌버트 무어(Wilbert Moore)는 사회가 무의식적으로 만들어 낸 유인기제가 계층을 구분한다고 보았다. 사회에서 역할을 담당하는 사람들의 희소가치와 역할이 사회 전체를 위해 얼마만큼 중요한 기능을 하느냐에 따라 구분이 가능하다는 것이다(홍두승 2001, 58-60).

사회적 가치나 역할과 더불어 사회적 자원은 현대사회에서 계층을 구분하는 또 하나의 중요한 기준이다. 사회적 자원은 계층 내부의 교환을 통해서 얻는 사회적 관계이며 그 핵심은 관계를 신속하게 확장할 수 있는 기회와 능력이 되고, 구체적으로는 혈연관계, 친구, 동문, 동향, 이웃, 특정한 소집단, 당파 구성원 자격 등이 여기에 포함된다. 어느 계층이 사회적 자원을 가진다는 것은 일정한 사회적 명성을 얻는 것이고 긴밀하고 배타적인 사회관계 네트워크를 형성함을 말한다. 이러한 네트워크는 사회적 자원 분배의 중요한 경로가 된다. 부르디외는 사회적 자원을 일컬어 개인이 계층 내의 네트워크 독점을 통해 획득한 실제적이며 잠재적인 자원의 집합체라고 했다. 사회자본이라고도 할 수 있는 사회적 자원은 사회적 연줄 또는 인맥을 의미한다. 사회적으로 영향력이 있는 사람을 많이 알고 있다든지 중요한 지위에 친인척이 많은 것은 그 사람의 사회적 자원이 큰 것에 해당한다(Bourdieu 1977, 487-511). 결국 사회적 자원은 사회 네트워크인 동시에 계층에 속한 한 개체가 사회적 연계를 통해 획득하는 자원과 능력이다. 한 사람이 사회적 자원에 의존한다는 것은 자신이 속한 계층의 네트워크 범위와 연관되며 계층 구성원들이 가진 자원이 많을수록 그 개인에게 주어지는 혜택은 증가하게 된다. 결국 사회적 자원은 다른 가능한 자본을 얻는 데에도 도움이 된다(樊平 2004, 28-35). 사회적 자원이 확장되면 사교의 범위, 결혼, 식사방식, 예술 감상 기회와 능력에까지 영향을 미치게 된다.

부르디외는 사회적 자원 이외에도 계층을 구분하는 중요한 기준으로 문화자본이라는 개념을 만들어 냈다. 그는 물질적 조건 자체가 아니라 물질적 조건으로부터 유래되어 생겨나는 계층 간의 사회적·문화적 특성들이 계층의 성격과 계층관계를 결정한다고 보았다. 한 개인의 성장과정을 통해 내면화된 문화적 성향이 각 개인의 계급적 위치를 결정하는 중요한 요인이 된다는 것이다. 부르디외는 상이한 집단의 먹기, 입기, 거주, 상점, 의료, 가구, 자동차에서 음악, 연극, 애완동물, 꽃, 아동 완구 등 소비품의 선호를 통해 이러한 소비품의 선호가 형성하는 사회계층 구조를 분석했다. 그는 소비품의 선호가 매우 강한 연속성과 영향력을 가져서 사회계층 구조의 복제와 재생산을 조성한다고 보았다. 문화자본은 계층 사이의 기회 불평등을 초래하는 문화적 지식을 의미하며, 학위나 전문직 자격증과 같이 제도화하기도 하고 가정교육을 통해 체득한 문화적 성향으로 나타나기도 한다(Bourdieu 1977, 487-511). 이외에도 교육의 수혜 정도는 독자적으로 계층을 구분하는 기준이 될 수 있다. 교육의 상황은 한 사람의 능력과 소양의 고저

〈표 3-1〉 계층 지위와 교육의 상관관계

	초중 이하 학력	고교 학력	대학 학력 이상	대상	
행정 관리직	16.3%	26.1%	57.7%	307	100.0
일반 화이트칼라	31.1%	47.0%	21.9%	151	100.0
소(小)고용주	41.7%	30.6%	27.8%	36	100.0
노동자	61.1%	34.1%	4.3%	443	100.0
평 균	41.1%	33.4%	25.5%	937	100.0

출처 : 張文宏(2006, 114).

를 결정하고 사회적 자원을 획득하는 능력이나 기회 측면에서 매우 중요하다(〈표 3-1〉 참조).

중국의 사회계층 기준과 단위

앞에서 살펴본 바와 같이 사회계층을 구분하는 가장 기본적인 기준은 경제적 자산이며 이외에도 권력과 사회, 문화자원을 포함한 종합적 기준이 사용된다. 그렇다면 이러한 일반적인 기준이 현재 중국 사회계층을 구분하는 데에도 통용되는 것일까. 시장경제의 확산 속에서 중국 또한 물질적 재산의 점유가 계층을 구분하는 중요한 기준이 될 수밖에 없다. 이럴 경우 중국에서 계층을 구분하는 경제적 자원에 해당하는 것은 무엇일까, 또한 권력과 사회자본 그리고 문화적 측면의 기준은 무엇으로 구체화할까. 또한 중국의 사회계층이 보여주는 특성 속에서 어떤 다른 요소들이 더불어 작용하고 있을까?

중국은 시장경제와 재분배 경제가 이중적으로 계층화에 영향을 미치는 기제임을 설명한 바 있듯이, 계층을 나누는 기준도 재분배 경제의 요소가 일정 정도 포함될 수밖에 없다. 사실상 단위의 힘이 컸던 시절에는 계층이 단위를 기준으로 구분되었다(Walder 1992, 524-539). 국가는 단위조직에 의존해 재분배를 진행하고 정당은 단위조직에 의존해 유효한 정치통제를 실행했기 때문이다. 단위인 국유기업은 재분배 기구이며 단위의 지위와 그 단위에 속한 노동자에 대한 대우와 사회적 지위는 밀접한 연관을 가졌다. 단위의 지위는 단위와 재산권 소유자인 그 상급 주관부문의 관계에 의해 결정되었다. 임금, 직공의 주택, 자녀교육, 의료수준, 복지는 단위의 급별에 따라 순위가 정해졌고, 단위 급별이 높을수록 단위가 하는 복지항목도 훨씬 많게 되고 어떤 단위에 속해 있느냐가 한 사람의 계층지위를 결정하는 중요한 기준이 되었다. 특히 도시 거주자의 경우 그들의 생활은 개인의 직업에 의해서가 아니라 근무하는 기업의 성격에 의해 결정되었다(Davis 1992, 1062-1085; 邊燕杰 1994). 국유기업에 근무하는 사람들이 사회의 계층구조에서 어디에 해당하는가는 해당 단위의 통제력과 개인에게 베푸는 정책적 배려, 그리고 업무단위가 국민경제에서 차지하는 위치에 의해 정해졌다. 1997년까지도 전국 20개 도시에서 수많은 간부, 노동자들이 개혁과정에서 여전히 국유부문을 떠나지 않는 이유가 바로 이러한 공공물품을 계속 향유할 수 있기 때문이었다(盧漢龍 1997). 물론 2000년대 들어 국유기업의 민영화 작업이 추진되면서 이제 단위가 계층구분의 기준이 되는 위력은 점점 사라진다고 할 수 있다. 그럼에도 개혁 이후 여전히 단위의 재분배 기능이 작용하는 측면이 있기 때문에 계층구분의 기준에서 단위는 여전히 중요한 위치를 차지한다. 단위라는 용어를 직접 사용하지는 않는다 하더라도 공유와 비공유 부문을 체제 내와 체제 외로 나눠 계층구분을 하기도 한다.

경제적 기준 하나 : 재산, 소득과 소비

중국에서 계층을 구분하는 가장 기본적인 기준도 점차 경제적인 측면으로 옮아가고 있다. 경제적 기준은 재산, 소득과 소비의 액수에 의해 정해진다. 재산 축적이 어려웠던 개혁 초기에는 주로 소득과 소비에 의해 계층을 구분했으나 여러 가지 경로를 통해 재산 축적이 가능해지면서 90년대 후반부터는 재산도 계층구분의 중요한 기준으로 설정되고 있다. 소득의 경우는 그 지역의 1인당 연평균 소득에서 어느 위치를 차지하는가가 한 개인이나 가정을 구체적 계층으로 귀속시키는 요인이 된다. 소득의 경우는 월급이나 연봉의 총액을 산출해서 규정하는데, 다만 소득을 기준으로 삼는 경우 명시되지 않는 소득이나 화폐가 아닌 물질이나 혜택이 여기에 포함되지 않기 때문에 간혹 정확한 기준이 되지 않을 수 있다. 중국에서는 화폐로 나타내기 어려운 소득이 전체 소득에서 차지하는 비중이 크다. 화폐가 아닌 소득을 명확히 하지 않으면 총 소득의 개념을 확정할 수 없다. 물론 화폐 소득의 측량도 어려움이 많다. 소득이 음성적이며 어떤 경우에는 공개되지 않은 회색(灰色) 소득(명시되지 않는 소득)이 존재해 실제적 소득 상황을 반영하는 자료를 얻는 데 어려움이 있다. 소득을 통한 기준의 어려움을 보충하기 위해 소비 총액이 포함되는데, 소비액수와 소비품목을 통해 대상이 어느 계층에 위치하는가를 알 수 있다. 경제적 기준으로 계층을 구분하게 되면 부유계층, 중산계층, 빈곤계층으로 나눌 수 있다.

경제적 기준 둘 : 주택 소유와 생활자원

경제적 자원과 관련해 최근에는 거주 지역에 의한 계층구분이 가능해

〈표 3-2〉계층 지위와 주택 소유권 (단위 : %)

	구매/분양주택	전세/분양주택	기타
행정 관리직	65.3	28.2	6.5
일반 화이트칼라	42.4	50.3	7.3
소고용주	38.9	58.3	2.8
노동자	37.1	59.0	3.8
평균	47.3	47.5	5.2

출처 : 張文宏(2006, 115).

지고 있다. 서구 사회에서는 어느 지역에 거주하는가가 어떤 자동차를 몰고 다니는가와 함께 그 사람의 계층지위를 결정하는 요소로 작용한다. 중국의 경우에도 90년대 후반 이후에는 자산 축적이 주택 구매를 통해 가능해지면서 주택 소유나 거주지가 계층구분의 중요한 기준으로 등장했다(Tang & Parish 2000, 37). 1998년 주택 개혁이 시작되면서 새로운 주택은 시장가격으로 판매되었으며 이는 50여 년에 걸친 주택 분배제도의 종결과 동시에 주택의 상품화와 사유화가 시작되었음을 의미한다(Davis 2000b, 245-260; 顧朝林 2002). 주택 소유권을 가지고 있느냐의 여부가 이제 계층차이와 계층화의 중요한 기준이 되었다. 주택 소유에서 주택 매입자의 주택 구매력은 직접적으로 계층구분을 보여주는데, 주택 소유의 여부가 개인이나 가정의 경제력과 성취의 지표가 된다. 또한 주택 소유만이 아닌 주택의 질, 즉 호화롭고 넓은 주택을 몇 채 가지고 있느냐가 개인이나 가족 구성원의 계층지위를 결정한다. 계층별로 봤을 때 국가 기관, 기업 관리자와 전문직 엘리트 가정의 주택 소유비율이 가장 높다. 공산당 각급 조직 책임자의 주택 소유비율은 산업 노동자 가정의 2배를 넘는다. 전문 엘리트의 경우 주택 소유는 산업 노동자의 1.4배 정도이다. 비엘리트 집단 중에서는 행정 사무직의 주택 소유비율이 가장 높아서 노동자의 1.3배 가량 된다. 주택 소유는 4가지의 방식이 있는데, 자기가 집을 지은 경우, 상품 주택을 구매한 경우, 경제적 주택이라고 해서 임대주택에 사는 경우, 원래 살던 공공주택을 싸게 구매한 경우이다. 주택 소유에서 상품 주택 구매 정도가 계층을 구분하는 가장 기본적인 기준이 된다. 상품 주택 구매율로 보면 관리자나 전문직 엘리트는 노동자의 3배를 넘어선다. 주택의 종류뿐만 아니라 주택의 면적과 주변환경에서도 관리자와 전문직 엘리트의 주택 면적과 환경이 모두 우세한 위치에 있다(邊燕杰·劉勇利 2005, 82-98). 주택 소유는 주택이라는 독립된 공간을 떠나 주택의 집합지인 거주 공간에 의해서도 계층이 구분되는 현상을 빚게 된다. 사구(社區)로 불리는 주택단지는 다양한 형태로 분류되면서 어떤 형태의 사구에 거주하느냐가 어떤 계층에 속하는가를 결정짓는 기준으로 작용한다(〈표 3-2〉 참조).

　　생활자원은 살아가는 데 편리함을 주는 유형, 무형의 자원을 의미한다. 2004년에 우한시(武漢市)에서 실시된 한 연구는 생활자원의 개념을 통해 계층구분의 기준을 삼았다.[2] 거주 유형, 내구 소비품, 교통, 통신을 기본으로 했는데, 거주 유형은 방의 개수, 주택 유형(별장, 개인주택, 아파트), 1인당 면적, 주택의 종류, 주택 가격, 내부장식 가격 등을 산출한 것이다. 교통은 가정 소유 교통수단(자가용, 오토바이 등), 가장 빈번하게 사용하는 교통수단(회사차, 자가용, 택시 등), 공공교통 비용에 대한 견해, 택시 비용에 대한 견해, 자가용 유지비용에 대한 견해를 문항으로 사용했다. 내구 소비품은 에어컨 수와 유형, TV 수와 유형, 컴퓨터 수와 유형, 냉장고 수와 유형, 난방기 수와 유형, 세탁기 수와 유형이 들어간다. 통신 자원은 통신도구, 가정전

---

2 이 자료는 2004년 2월부터 4월까지 우한시에서 진행된 사회계층 조사로 4개 가도(街道)에서 800여 가구 주민에게 설문조사해서 744개의 표본을 얻어 냈다. 대상은 18~65세로 분석단위는 가정이다.

화의 수와 비용, 이동전화 수와 비용, 인터넷 방식과 비용이다. 이러한 생활 자원을 기준으로 계층구분을 해서 빈곤계층이 4.7%, 중하계층이 23.4%, 중간계층이 44.9%, 중상계층이 22.0%, 부유계층이 5.0%를 차지한다는 걸 밝혀냈다(劉租云·戴潔 2005).

정치권력과 계층구분

중국 사회계층의 구분에서 권력은 어떻게 측량해 낼 수 있을까? 중국에서의 권력 특히 정치권력은 그가 간부인가의 여부, 간부라면 어떤 행정급에 속하는 간부인가가 중요하다. 또한 당원 가입 여부도 중요한 기준이 된다. 한 개인의 간부라는 지위나 공산당에 가입했다는 조건이 자신에게나 가족 구성원에게 유리한 자산 획득이나 취업 기회를 제공한다면 이는 권력이 계층구분의 중요한 기준이 됨을 입증한다. 정치적 요소를 통해 계층을 구분하는 이유는 중국에서 당과 국가가 자원배치에서 중요한 위치를 차지하므로 비교적 높은 정치지위가 물질적 자원을 향유할 기회를 많이 제공하기 때문이다. 정치권력으로 계층을 구분할 경우 각 계층의 당원 점유비율을 통해 해당 계층의 정치적 지위 상황을 알 수 있다. 국가와 사회 관리자 계층의 당원 점유비율은 95~100%로 거의 대부분이 당원이다. 경영자와 사무직에서도 당원의 점유비율은 높다. 경영자 계층에서는 다수 구성원의 이전 신분이 간부(기업 간부)였고 사무직 계층에서도 상당 비율이 당정기관의 보통 공무원이거나 일반 사무직으로 이 두 계층의 다수 구성원이 당·정부와 밀접한 연계를 지닌다. 전문기술직의 당원 비율은 20% 정도이다. 도시 전문기술직에서 당원 비율은 현과 향촌 전문기술직의 당원 비율보다 높

〈표 3-3〉 계층 지위와 정치자원(당원여부)

	공산당 당원	비당원	대상	
행정 관리직	54.2%	45.8%	308명	100.0%
일반 화이트칼라	24.5%	75.5%	151명	100.0%
소고용주	36.1%	63.9%	36명	100.0%
노동자	15.3%	84.7%	443명	100.0%
평균	30.4%	69.6%	938명	100.0%

출처 : 張文宏·李沛良·阮丹靑(2004); 張文宏(2006, 115).

다. 당원 비율이 가장 낮은 것은 산업 노동자, 자영업자, 서비스직과 농업 노동자 계층이다(4장의 〈표 4-3〉 참조). 노동자당이라고 일컫는 공산당 구성에서 오히려 노동자 계층의 당원 비율이 낮게 나타난다. 결국 시장개혁 과정에서 노동자 계층의 정치적 지위도 하강하고 있음을 알 수 있다. 이제 공산당은 노동자보다는 기술을 가진 계층을 간부와 당원으로 선발하기 위해 애쓰고 있다. 체제 내의 전문기술자에서 당원 비율은 일정한 수준을 유지하고 있다. 선전이라는 대도시에서 전민 소유제 단위의 전문기술자 중 당원 비율은 31%이고 사영, 자영, 삼자, 혼합소유제 단위의 전문기술자 중 당원 비율은 21%를 차지한다(汪開國 2005, 218). 중국에서 정치권력은 또 하나의 계층구분 기준으로 작용하고 있다(〈표 3-3〉 참조).

직업을 통한 계층구분

사회 계층화에 대한 가장 주류적 시각은 직업을 각종 경제, 사회자원의 점유를 보여주는 계층구분의 중요한 기준으로 삼는 것이다. 현대사회에서 가장 일반적인 계층기준은 직업이며 이를 바탕으로 각종 자원 점유 상태와 사회, 경제적 지위 상황을 고려해 계층을 구분한다. 시장경제에서 가장 중요한 사회적 지위가 직업으로 나타난다는 것에는 이론의 여지가 없다. 자본주의 조건하에서 자원이 시장을 통해 분배될 때 특히 노동력 자원이 시장을 통해 분배될 때 직업의 인력자본 투자와 효과가 모두 시장을 통해 조절되므로 직업을 핵심으로 하는 계층구조가 만들어진다(Treiman 1970, 207-234; Lin and Bian 1991, 657-668). 직업을 통한 계층구분은 구체적 직업이 갖는 권력, 재산, 사회적 명망의 차별로 인해 나타나는 사회적 지위의 차이를 가리킨다. 직업을 통해 중국 사회계층을 구분한 자료에 의하면 50여 종의 직업이 등장한다(仇立平 2001). 최상위에는 단위 책임자와 국가권력 부문의 직업이 차지하며 그 다음은 각종 전문기술 직업이다. 다음은 중·고급 서비스나 사무직, 기술자이고 그 아래가 일반 서비스업과 노동자, 마지막은 농민과 하급 서비스직, 기술 없는 노동자이다. 직업은 소득에도 직접적 영향을 미치며 소득을 많이 얻는 직업은 단위 책임자, 문화예술 종사자, 고급 전문기술자와 국가권력 부문 종사자와 상업 무역업자 등이다. 소득이 적은 직업은 일반 노동자, 농민과 서비스 종사자 등이다. 직업은 권력의 정도를 보여주기도 하는데, 단위 책임자와 국가권력 부문 종사자는 직업에 의한 정치권력을 많이 가지고 있는 반면, 농민과 노동자와 하급 서비스 종사자는 직업이 갖는 권력이 거의 없다. 직업의 사회적 인지도에서도 고급 전문기술자나 단위 책임자 등은 직업적 대우를 받고 농민과 하급 서비스 종사자 직업은 사회적으로 폄하된다. 여기서 보면 당정기관의 기업 사업 단위책임자, 고급 전문기술자 등의 직업은 모든 측면에서 상위에 속하고 농민, 하급 서비스 종사자와 육체노동자 직업은 하위에 머문다는 것을 알 수 있다(仇立平 2004, 178-206).

직업이 중국의 사회계층을 구분하는 가장 중요한 기준이라는 데 이의를 제기하는 학자도 있다. 류신(劉欣)은 중국 사회에서 사람들의 관념 속에

내재한 계층구분의 기준을 고려할 필요가 있다고 주장한다. 그는 우한 지역에서 주민들을 대상으로 중국 사회계층을 구분하는 기준에서 무엇이 가장 중요한가라는 설문조사를 했다. 그 결과 직업이 중요한 기준이라고 답한 사람은 12.1%에 불과하며 그보다는 소득(재산), 권력(권세), 교육 세 가지를 가장 중요한 계층구분의 기준으로 꼽았다.[3]

중국 사회에서 통용되는 계층 분류 기준

그럼에도 불구하고 현재 수많은 중국 사회계층 관련연구에서 계층구분 기준으로 통용되는 가장 기본적인 기준은 직업이다. 중국 사회과학원의 계층분화 연구서는 직업을 기본적인 계층구분 기준으로 삼고 경제자원, 조직자원, 문화자원의 점유에 근거해 노동취업, 업종직위, 문화기술, 경제상황, 정치지위를 기준으로 중국 사회계층을 분류했다. 경제자원은 생산수단의 소유권, 사용권과 경영권을 가리킨다. 권력자원이라 할 수 있는 조직자원은 행정조직자원과 정치조직자원을 포함하며 국가권력조직과 당조직 계통에 의한 사회자원을 지배할 수 있는 능력이다. 문화(기술)자원은 사회가 인정하는 증명이나 자격증을 통해 인정되는 지식과 기능을 가진 것을 가리킨다. 사람들의 인식에서도 경제적 자원, 사회적 지위, 권력, 교육 수준이 계층을 구분하는 중요한 요소의 순위로 자리 잡고 있다(〈표 3-4〉 참조).

이 세 가지 자원의 점유상황은 사회집단의 계층구조에서의 위치와 개

---

3 이 조사에서 소득, 재산 등 경제적 기준이 가장 중요하다는 의견이 81.6%, 권력, 특권, 권세의 중요성을 든 답이 49.9%, 교육이 26.4%, 사회적 명망이 10.2%, 업무 단위가 9.6%, 생활수준과 소비방식이 5.6%, 사교방식이 2.7%, 출신가문과 가정배경이 2.3%로 나왔다(劉欣 2004, 207-224).

〈표 3-4〉 계층차이를 만드는 주요 요소 (단위 : %)

계층 차이	백분비	계층 차이	백분비
금전 자산	79.9	생활 방식	13.4
사회적 지위	62.2	가정 배경	12.1
권 력	54.5	소비 수준	11.4
교육 수준	30.5	주 택	4.9
도덕 수양	14.7	언 행	2.0
직 업	14.0	기 타	0.1

출처 : 仇立平(2004, 126).

인의 종합적 경제사회 지위를 결정한다. 이렇게 해서 5개의 등급과 10개의 사회계층의 구조를 보여준다(〈그림 3-1〉 참조). 5개의 등급은 계층 전체 구조를 상하로 구분해 상층, 중상층, 중중층, 중하층, 하층으로 분류한 것이다. 사회 상층에 속하는 직업은 고위급 간부, 대기업 경영자, 고급 전문가와 사영 대기업주이다. 중상층은 중하급 간부, 대기업 중간 관리자, 중소기업 경영자, 중급 전문기술자와 중등 기업주이다. 중중층은 초급 전문기술자, 소기업주, 사무직, 자영업자, 중·고급 기술공, 대규모 농업경영자이다. 중하층은 일반 서비스 종사자, 노동자, 농민이 속한다. 하층에는 생활이 빈곤하고 취업보장이 없는 노동자, 농민과 무직, 실업, 반실업자가 포함된다. 10대 계층은 국가와 사회 관리자 계층, 경영자, 사영기업주, 전문기술자, 사무직, 자영업자, 상업서비스직, 산업 노동자, 농업 노동자, 도시와 농촌의 무직·실업·반실업자 계층으로 구분하고 있다.[4]

---

[4] 사회과학원을 비롯한 다수의 중국 사회계층 연구에서 통용되는 이러한 계층구분의 기준은 라이트의 신마르크스주의와 골드소프(John H. Goldthorpe)의 신베버주의 계급분류 모델의 영향을 받았다.

〈그림 3-1〉 중국 사회계층의 등급과 계층교차

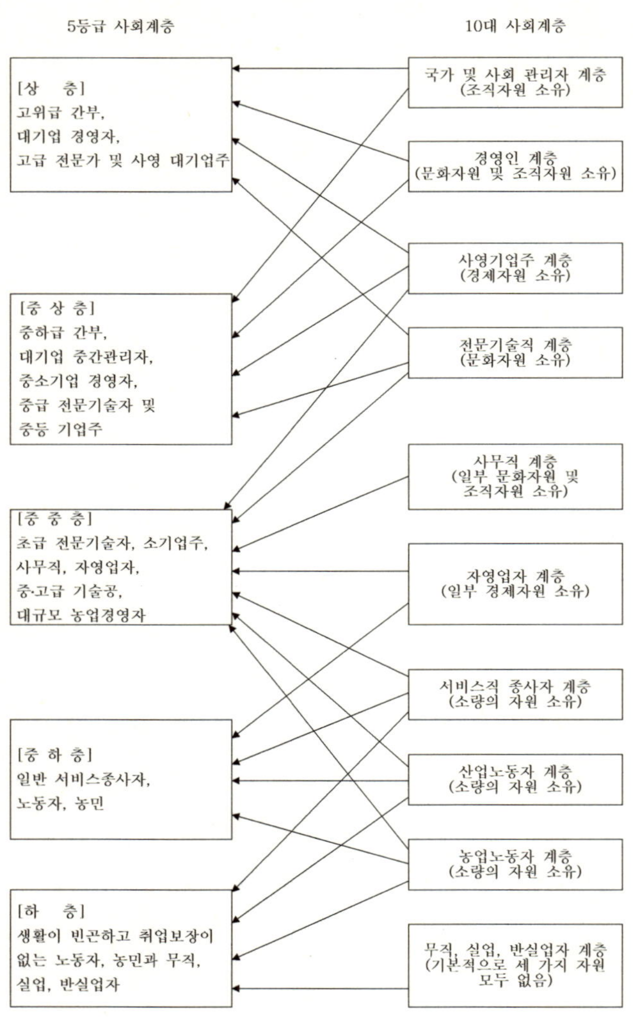

출처: 陸學藝(2002, 9).

이익집단의 개념

일부 학자들은 현재 중국 사회에 하나의 안정된 사회계층 구조가 있다는 것에 의문을 제기한다. 사회계층이란 이미 이익의 분화가 완성되고 물질적 이익을 통한 사회적 지위가 상대적으로 안정된 집단을 가리킨다. 그러나 현 상태의 집단은 불안정한 사회구조 속에서 이익의 균형을 제대로 실현하고 있지 못하다는 것이다. 그래서 개혁과정에서 나타나는 집단의 행태를 계층 개념으로 분석하지 않고 이익집단이라는 개념을 사용해 설명하고자 한다. 이들은 사회적 지위가 상대적으로 안정된 계층 개념을 사용하는 것은 중국의 현재 상황에 부합되지 않는다고 주장한다. 그래서 계층보다는 개혁 기간 동안 이익을 본 것을 기준으로 해서 집단을 구분한다. 특수이익 획득집단, 보통이익 획득집단, 상대적으로 손해본 집단, 사회 하층집단 네 가지 구분이 바로 그것이다. 특수이익 획득집단은 사영기업가, 각종 사장, 회사 이사장, 고급 경영자, 건설업자, 시장의 각종 브로커나 중개인, 가수, 배우, 운동선수 그리고 외자나 외국기업 관리자, 기술자 등이 포함된다. 보통이익 획득집단은 가장 규모가 큰 사회집단으로 지식인, 간부, 중간 관리자, 사무원, 점원, 노동자, 농민 등을 포함한다. 상대적으로 손해본 집단은 국유기업 개혁에서 떨려난 실업 노동자, 하강(下崗 : 면직) 노동자이고 사회 하층집단은 빈민, 무직자들이다(李强 2004; 李培林 2004).

한 사회 내에 다양한 스펙트럼에 위치해 있는 사람들을 어떤 한 기준을 사용해 구분해 내는 것은 쉽지 않다. 계층을 구분하는 기준은 너무도 다양해서 생산수단의 점유, 재산과 소득, 조직권력, 사회적 위신, 사회자본, 지식·기술, 교육 정도, 소비 선호, 정보자원 점유, 직업 등등의 요소를 통해 다양한 종류의 계층으로 구분해 낼 수 있다. 중국의 사회계층을 분류하는 데 한 가지 요인을 선택하거나 강조하는 것보다는 종합적이고 복합적인 기준을 사용할 필요가 있다.

중국의 사회계층 구성과 현황

중국 사회계층의 등급구조

앞에서 제시된 다양한 기준을 통해 중국의 사회계층을 분류할 경우 두 가지 방식이 가능하다. 하나는 중국 사회의 구성원들을 위계적인 등급으로 나누어 배열하는 것이고, 또 다른 하나는 직업을 중심으로 다른 자원의 점유상황을 통해 몇 개의 계층으로 구분하는 것이다. 사회 구성원을 일정한 기준으로 등급화하는 것은 이를 통해 해당 사회구조의 성격과 특징을 규명해 낼 수 있기 때문이다. 중국이나 다른 국가에서 적용되는 일반적인 사회계층의 등급구분에서 가장 기본이 되는 것은 경제적 수준이다. 사회적 지위나 문화자원, 권력이 명확한 수치나 통계로 나타내기 어려운 것과 달리 경제적 자원은 자산의 양이나 질, 소득과 소비 등의 산출을 통한 계량화가 비교적 용이하다. 경제적 자원 중 소득을 통해 중국 사회계층의 구성을 살펴보면 전국적으로 상층은 2.6%, 중층 25%, 중하층 24.7%, 하층 47.7%의 비율로 전형적인 피라미드 구조다. 이를 다시 도시와 농촌으로 구분하면 도시는 상층이 4.6%, 중층이 37.7%, 중하층이 38.2%, 하층이 19.5%로 전국 평균과는 달리 다이아몬드 형태를 나타낸다. 반대로 농촌은 상층이 1.1%, 중층이 15.1%, 중하층이 14.2%, 하층이 69.6%로 하층이 거의 70%에 달하는 아래가 넓은 기형적 피라미드 형태가 된다. 아직까지 도시를 제외한 중

〈그림 4-1〉 중국 사회계층의 소득 등급구조 (단위 : %)

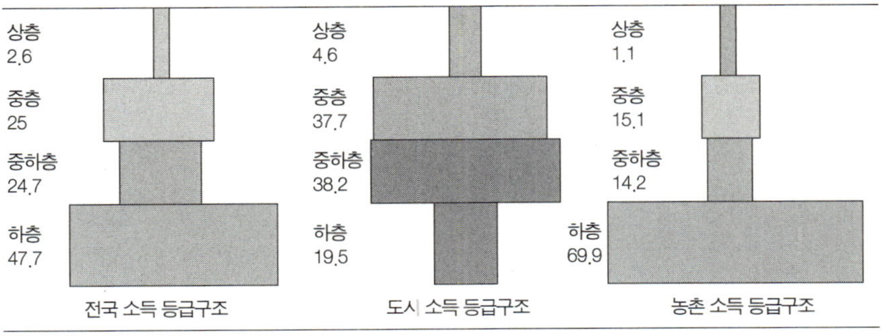

출처 : 李春玲(2005, 138).

국 전역, 특히 농촌의 사회계층 구조가 현대적인 구조를 갖고 있지 못하다
는 것을 보여준다(〈그림 4-1〉 참조).

　이상은 소득이라는 단일한 기준을 통해 중국의 사회계층을 등급으로
나눈 것이다. 경제적 자원에 문화와 조직자원을 통합해 이를 기준으로 등
급을 나눈 조사에 의하면 계층 구성의 또 다른 측면을 볼 수 있다. 사회계층
을 상층, 중상층, 중층(중중층), 중하층, 하층(저층)으로 구분했을 경우 동
부 지역의 대표적인 도시인 선전의 사회계층 구조는 거의 완벽에 가까운
다이아몬드 형태를 보여준다. 등급구조에서 상층은 1%, 중상층은 18.9%,
중층은 46.1%, 중하층은 32.4%, 하층은 1.6%의 분포를 보인다. 중간층이 많
은 계층구성은 선전이 현대적인 모습의 계층구조를 가지고 있음을 나타낸
다. 중부 지역인 후베이성의 한촨시(漢川市)의 경우는 상층이 0.7%, 중상층
이 2.4%, 중층이 10.3%, 중하층이 82.1%, 하층이 4.5%로 나타나 중하층의
비중이 큰 피라미드에 가까운 구조를 보인다. 서부 지역 구이저우성의 전
닝현(鎭寧縣)의 경우는 상층이 0.5% 중상층이 0.7%, 중층이 3.2%, 중하층

〈그림 4-2〉 중국 사회계층의 지역별 등급구조 비교

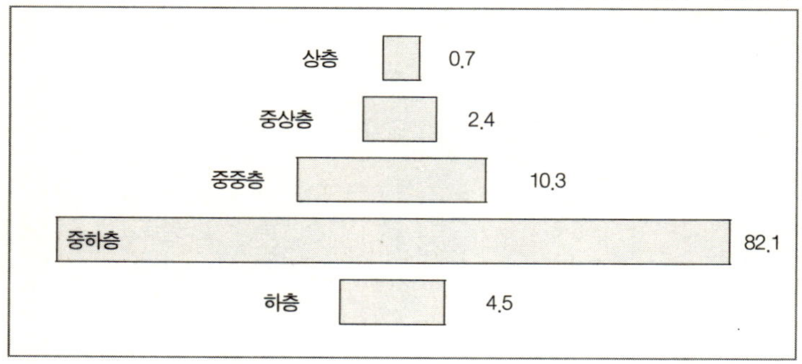

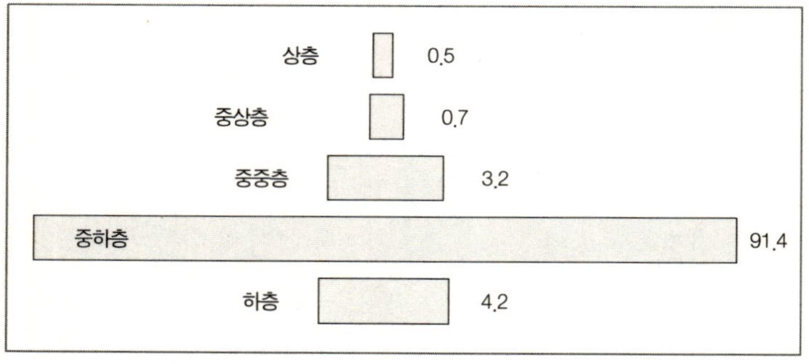

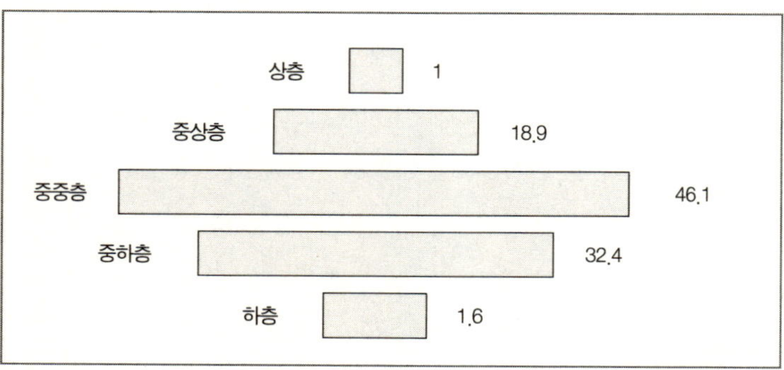

출처 : 陸學藝(2002, 11, 13, 14); 胡順延(2002).

이 91.4%, 하층이 4.2%의 형태로 중부 지역보다 아래가 더 두터운 피라미드 구조이다. 중국의 사회계층 구성을 등급구조로 봤을 때 이와 같이 지역마다 또는 도시와 농촌에 따라 다르게 분포되어 나타나며 동부 지역을 제외한 다수의 지역에서 계층구조는 아직 현대화된 구성 비율을 보이지 않는다(〈그림 4-2〉 참조).

10대 사회계층의 구성

계층구분에서 경제적 기준이 가장 기본적이긴 하지만 상·중·하층의 등급구분은 구체적인 계층의 구성과 특징을 세밀하게 보여주지 못한다. 현대 사회에서 사회적 지위나 문화, 권력자원은 오히려 직업을 통해 구체화한다. 중국의 사회계층 연구에서도 직업은 계층을 구분하는 중요한 기준이 되며 여기에 경제, 정치, 사회, 문화적 자원의 현황을 고려해 전체 구성원을 대략 10대 사회계층으로 분류하고 있다. 여기에서는 10개 중국 사회계층의 구성과 현황을 살펴보고자 한다. 10대 사회계층을 구성하는 직업과 이들의 점유자원 현황에 대한 내용은 2002년 사회과학원에서 나온 루쉐이의 당대 사회계층 연구보고서와 2005년에 출판된 리춘링의 사회계층 관련저서를 중심으로 리창, 주꽝레이, 리페이린, 니와 차오, 쑨리핑, 리루루, 이중희, 벤옌제 등의 연구를 참조해 정리했다(李强 1993; 朱光磊 1994; 李培林 1995; 陸學藝 2002, 10-23; Nee & Cao 2002; 李强 2002a; 孫立平 2002; 李路路 2003; 이중희 2005; 李春玲 2005; Bian, Breiger, Davis, Galaskiewicz 2005).[1]

----

1 이 중에서 니와 차오의 연구를 일례로 들면 이들도 유사한 기준을 통해 다음과 같이 중국의 사

국가, 사회 관리자 계층

우리에게는 낯설게 들리는 국가, 사회 관리자 계층은 여전히 국가가 사회의 많은 부분을 관리하고 있는 중국의 특성 때문에 국가 관리자뿐만 아니라 사회 관리자라는 단어가 쓰이고 있다. 이들은 당정기관, 국유사업 기관과 사회단체에서 실제적인 행정관리 직무를 행하는 간부를 가리킨다. 구체적으로 중앙정부 각 부서와 직할시에서 실제적인 행정관리 직무를 하는 처급(處級) 그리고 처급 이상 행정 급별의 간부, 각 성과 시에서 실제 행정관리 직무를 행하는 향급(鄕級: 행정구역에서 가장 낮은 지역인 향)과 그 이상 행정급의 간부, 부분적인 행정관리권을 가진 처·과급(科級: 정부기구에서 가장 낮은 급인 科) 간부와 실제 행정관리권이 없는 처·과급 간부를 모두 포함한다(Walder, Li, Treiman 2000; Parish & Michelson 1996). 행정부의 서기, 부서기, 주임, 부주임, 처장, 부처장, 과장 등의 명칭을 가진 직위와 부녀연합의 주석, 부주석, 미술협회 주석, 부주석 등등의 직위가 여기에 포함된다. 국가, 사회 관리자 계층이라 칭해지는 공무원을 상층으로 보는 것은 이들이 사회구조에서 우세한 지위를 차지하고 있으며, 체제 내라 불리는 정부권력의 핵심부분에서 중·고급 엘리트 관리자로서 중국 사회의 중요한 자원인 권력, 조직자원을 가지고 있기 때문이다. 이들이 생산자원을 소유한 것은 아니지만 일부분의 생산자원을 통제하거나 배분하는 위치에 있기 때문에 실제로는 부분적인 경제자원도 가지고 있고 문화자원도 가진 계층이 된다.

회계층을 구분하고 있다. 당정 간부(당정기관과 대중조직의 과급 이상의 간부), 행정가(비영리조직에서 과급 이상의 책임자), 관리자(공유제 기업에서 과급 이상 공무원과 사영기업에서 관리자), 전문직(전문가와 기술노동자로 중·고급 전문 자격 소유자), 기업주(회사를 직접 운영하거나 합작해서 운영하는 소유주), 보통 화이트칼라(저급 행정, 관리, 전문직과 기술직, 사무직), 육체노동자(모든 육체노동자, 기술노동자와 기술이 없는 노동자) 등이다.

국가, 사회 관리자 계층이라고 포괄해서 얘기하지만 이 계층 구성원이 모두 똑같은 양과 질의 자원을 가지고 있다고 보기는 어렵다. 그래서 이들은 다시 부, 국, 처, 과에 따라 고위 행정 관리자, 중간 행정 관리자, 하급 행정 관리자로 나눌 수 있고 국가 행정부분과 구별해서 국유사업 단의 책임자를 이야기할 수 있다. 고위 행정 관리자 집단은 당정 공공 기관, 사법기관, 당정계통의 노조, 공청단, 부녀연합 등의 처급 이상의 간부이다. 중간 행정 관리자 집단은 향·과급 간부이고, 하급 행정 관리자 집단은 향·과급 이하와 행정관리권이 없는 과급 이상 간부를 말한다. 중간과 고위 국유사업 단위 책임자 집단은 공유부문 사업단위에서 주요한 책임자로, 예를 들면 병원 원장이나 서기, 학교 총장이나 서기, 방송국 국장이나 서기, 출판사 사장이나 서기, 연구원장이나 서기 등을 들 수 있다.

경영인(經理) 계층

중국어로 경리는 사장과 경영인 계층으로서 기업에서 소유주가 아닌 상태로 기업을 경영하는 중·고급 관리자나 부분적인 책임을 지고 있는 기층 관리자를 가리킨다. 이들은 체제 내의 주변에 위치하거나 체제 외의 중·고급 엘리트 관리자이다. 이 계층은 국가, 사회 관리자 계층이나 사영 기업주 계층과의 구분이 명확하지 않을 수 있다. 이들은 국유나 집체기업의 간부였다가 현대기업 제도의 발전으로 기업 간부에서 직업 경영자가 된 사람들이 주를 이룬다(Naughton 1995). 혹은 비교적 큰 규모의 사영기업이나 고급 산업기술 영역의 민영기업에서 온 사람들로 많은 기업들이 90년대 후반부터 소유권과 경영권을 분리하기 시작하면서 전문경영자로 고용된 사람들이다(Ding 2000a, 655-676; Ding 2000b, 1-28). 소유주들이 기업 주식화를 통해 스스로가 창업주로서 경영자가 된 사람들도 있다. 이들은 생산수단을 점유하지는 않았으나 실제적으로 생산수단을 통제하거나 관리하므로 경제자원을 가지고 있다. 동시에 기업의 경영자로 고용되는 데 필요한 고급학력과 전문적인 지식을 가지고 있으므로 문화자원도 가지고 있다.

경영인 계층은 정부의 경제정책 결정에 영향력을 가지며 사영기업주의 영향력보다 크고 또한 지속적으로 확대되고 있다. 2001년 현재 이들 계층에서 전민 소유제 기업의 경영자는 37.5%를 차지하고 집체 소유제 기업의 경영자는 31.3%이며 기타 소유제 기업 경영자가 31.2%이다. 국가, 사회 관리자 계층과 마찬가지로 경영인 계층도 그들이 관리하는 자원의 크고 작음에 따라 몇 개의 집단으로 분리할 수 있다. 고위급 경영자 집단은 대기업의 주요 책임자 예를 들면 사장, 서기, 공장장이 포함된다. 중간급 경영자는 대기업의 중간급 관리자인 일부분의 사장, 과장, 공장주임 등을 가리키고 중소기업의 주요 책임자로 공장장, 서기, 사장도 해당된다. 기층 경영자는 중대형 기업의 화이트칼라 기층 관리자로 3인 이상을 관리하는 사람, 20인 이상을 관리하는 반(牛) 블루칼라 기층 관리자, 소기업의 주요 책임자인 공장장, 서기, 사장이 포함된다.

사영기업주 계층

사영기업주 계층은 민간 사영기업의 소유주 계층이라고 볼 수 있다. 경영인 계층이 주로 고용되어 기업을 관리하는 계층을 가리킨다면 사영기업주 계층은 일정한 양의 사적 자본이나 고정된 자본을 가지고 투자를 해 이윤을 획득하는 동시에 노동력을 고용한 사람들을 말한다. 사영기업주는 일반적으로는 8인 이상을 고용한 기업주이다. 물론 최근에는 무역업이나 신기술의 발달로 고용인 수는 적으나 매출이 많은 기업들이 늘어나고 있다. 그래서 공상부(工商部)가 구분하는 8인을 기준으로 사영기업주와 자영업자를 나누는 것은 별 의미가 없어지고 있다. 자본 총액으로 사영기업주와 자영업자를 구분하는 것이 더 현실적이라는 주장이 나오고 있다. 리춘링의 10대 사회계층 연구에서는 이 방식을 사용해서 투자액, 경영방식과 소유주의 수익을 기준으로 사영기업주 계층을 구분했다. 사영기업주는 초기에는 향촌과 성진(城鎭)의 비교적 하층계층으로부터 구성되었으나 1992년 이후 전문지식을 가진 국유와 집체기업 관리자들, 전문기술자와 기관 간부들이 대량 이 계층으로 진입하게 되어 이 계층의 사회적 지위가 높아지게 된다. 이들은 자본 규모에 따라 대, 중, 소기업주로 나뉠 수 있다. 대기업주는 1, 2차 산업의 고용자 수 100인 이상이거나 3차 산업 고용자 수가 50인 이상인 사영기업주를 말한다. 둘째는 중간 기업주로 1, 2차 산업 고용자 수가 30~99인이거나 3차 산업인 고용자 수가 10~49인인 사영기업주다. 셋째 소기업주는 1, 2차 산업인 고용자 수가 8~29인이거나 3차 산업으로 고용자 수가 4~9인인 사영기업주로 이들이 다수를 차지한다(陸學藝 2002, 16; 戴建中 2004; 李春玲 2005, 118-119). 투자 규모에 따라 사영기업주 계층을 구분하기도 하는데, 1,000만에서 1억 위안은 대기업주, 1억 위안 이상은 특대기업주로 불린다. 특대기업주와 소기업주의 평균 자산 차이는 460배 이상까지 난다.

전문기술자 계층

전문기술자 계층은 정신노동을 하는 전문직 종사자를 가리킨다. 각종 국가기관, 당정조직, 국유 기·사업 단위와 외자기업 등 비공유제 기업에서 전문적인 업무나 과학·기술 업무에 종사하는 사람, 전문 서비스 기구에서 일하는 전문가를 모두 포함한다. 이들은 대부분 중·고급 전문지식과 전문적인 기술을 가진 집단이다. 체제 내나 체제 외에서 생산자원을 점유하지는 않았으나 일정한 자율성을 가진 중·고급 화이트칼라로 구성된다. 이 계층 구성원은 주로 도시에서 일하며, 전민 소유제 단위에 집중되어 있다. 2001년을 기준으로 보면 3/4인 75.8%가 도시에 취업해 있고 1/4인 24.2%가 농촌에 있다. 전문기술자 중 2/3인 65.7%가 전민 소유제 단위에 있고 1/3 중 15.2%가 집체 소유제 단위에, 19.1%가 기타 소유제 단위에 속해 있다. 절대 다수의 전문기술자들이 체제 내의 핵심부문에 있음을 알 수 있다. 전문기술자들이 등급에 따라 소득이나 사회적 지위가 어느 정도 차이가 나는지는 아직 명확하지 않다. 전통적 의미의 지식인, 예를 들면 과학·교육·문화·위생영역의 전문기술자들은 대부분 체제 내인 국유부분에서 일하고 경제활동과 관련된 전문기술자들은 대부분 체제 외인 비국유 부문에서 일하거나 운영이 비교적 시장화한 국유부문 즉 체제 내에서는 주변부에 해당하는 국유, 집체기업이나 기업화한 사업단위에서 일한다. 이들의 전문영역과 관련해 전문기술자 계층을 다시 구분해 보면 첫째, 과학·기술·문화·위생 전문가들로 국유단위에 집중되어 있으며 다수가 교사이다. 둘째, 공정기술자로 2차 산업에 종사하는 전문가를 말한다. 셋째, 상업·무역 등 서비스 전문가로 대리 업무나 고객 서비스를 통해 수수료를 받는 개인이나 조직이다. 회계사, 변리사, 증권 대리인과 컨설턴트 등의 직업이 여기에 속하고 작가나 연예인, 변호사, 의사도 해당된다. 현대사회에서 아마 가장 환영받는 전문직이라 할 수 있다. 이들의 비율은 계속 증가하고 있다.

사무직 계층

사무직 계층은 정부 부문이나 일반 사업단위에서 책임자를 도와 일상 행정 사무를 처리하는 전업 사무직을 가리킨다. 당정기관의 중·저급 공무원, 각종 기업, 사업 단위의 기층관리자와 비전문직 사무 담당자들로 구성된다. 이들은 국가, 사회 관리자와 경영자, 전문기술자의 예비군이며 노동자나 농민도 이 계층을 통해 계층 상승을 할 수 있다. 체제 내나 체제 외에서 생산 수단을 점유하지 않은 비교적 낮은 등급의 화이트칼라다. 이들은 크게 둘로 구성되는데 하나는 당정기관 사무직으로 국가기관의 공무원과 사업 단위의 보통 사무직이며 다른 하나는 기업 사무직으로 각종 기업에서 행정 보좌를 맡는 사람들과 보통 화이트칼라 사무직을 말한다. 이 두 집단의 비율로 보면 사무직 계층의 주요부분은 국가에서 고용된 공무원과 준 공무원이 주류를 이룬다. 또한 고급 사무직과 단순 사무직의 구분도 가능하다.

자영업자(個體工商戶) 계층

개체호라고 불리는 자영업자 계층은 비교적 소량의 사적 자본을 가지고 이를 생산, 유통, 서비스 등 경영활동이나 금융채권시장에 투입해서 생계를 유지하는 사람들을 가리킨다. 예를 들면 소업주나 자본으로 소수의 노동력을 고용하지만 자신도 직접 노동과 생산 경영에 참여하는 소고용주, 자본이 있어서 개업을 했으나 다른 노동력을 고용하지 않는 자체용자와 소규모 주식 소유자나 투자자, 소규모 임대사업자가 여기에 해당한다. 이 계층은 신중국 건설 이전에 근대화 과정에서 다수가 존재했으나 중국의 인민공사 운동을 통해 거의 소실되었고 1978년 통계를 보면 중국 전역에서 단지 15만 명에 불과했다. 개혁 이후 농촌에서 실시된 가정책임 승포제 이후 농촌에서 시작해 가장 증가한 계층이 바로 자영업자 계층이다. 80년대에는 농민과 도시의 실업자 특히 도시로 돌아온 지식인들이 자영업을 하는 경우가 많았으나 90년대에는 국유기업 개혁과 산업구조조정 이후 대량의 국유기업 노동자들과 도시주민들이 자영업자로 변모한다. 하강한 노동자나 실업 대기자, 그리고 도시로 온 농민들이 생계유지를 위해 자영업자 계층으로 이동하기도 한다. 자영업은 고도의 기술을 필요로 하지 않으며 소자본으로 쉽게 개업할 수 있기 때문이다. 결국 자영업자는 80년대의 개혁에서는 이익을 얻은 계층이지만 90년대 들어 도시 외관정비에 의해 점포가 헐려 영업공간을 잃거나 세금징수 등으로 피해를 보기도 한다. 이는 한국이 IMF 이후 직장에서 밀려난 사람들에 의해 소규모의 자영업이 증가한 것과 유사하다. 자영업자는 체제 외의 하층 화이트칼라나 블루칼라 고용주라는 사회적 지위를 가지게 된다. 자영업자 가운데 1-7인의 노동력을 고용하는 자영업자, 타인 노동력을 고용하지 않는 자체 자영업자로 구분할 수 있다.

서비스직 계층

서비스직 계층은 상업과 서비스 업종에 종사하는 비전문성을 가진 육체와 정신노동을 하는 사람들을 일컫는다. 체제 내 혹은 체제 외 3차 산업에 종사하는 블루칼라 고용자나 자체 고용자가 다수를 이룬다. 2001년 현재 이 계층 구성원 중에서 전민 소유제 단위에 종사하는 사람들이 16.5%, 집체 소유제 단위에는 7.8%, 비공유제 단위에는 75.7%로 사영기업에서 취업한 비율이 65.2%이다. 서비스직 종사자 계층은 도시의 사영 경제영역에 집중되어 있는 셈이다. 이들이 도시에서 근무하는 비율은 72.2%이고 농촌에 취업한 경우는 27.8%이다. 서비스직 계층은 세 가지로 구분할 수 있는데 첫째, 서비스업 기층 관리자로 일선 근무자를 관리하는 조장 등이 여기에 속한다. 둘째, 서비스업의 준 화이트칼라 직공으로 전문기능이 필요한 일에 종사하는 사람들 즉 주방장, 택시기사, 미용사, 이발사 등이나 유사한 화이트칼라 업무환경에서 일하는 직원 즉 수납원, 판매원, 가이드, 스튜어디스 등의 직종이다. 셋째, 서비스직에 종사하는 블루칼라 직원으로 전문기술을 필요로 하지 않는 육체노동을 하는 사람들로 영업사원, 식당 종업원, 보안근무자, 청소원 등이 해당된다.

산업 노동자 계층

산업 노동자 계층은 2차 산업에서 육체, 반(半)육체노동에 종사하는 생산 노동자, 건축 노동자 등을 일컫는다. 체제 내 혹은 체제 외 2차 산업에서 일하는 블루칼라 고용자나 자체 고용자가 여기에 해당된다. 개혁 이전의 시기 동안 중국의 노동자 계층 내부에는 기업 소유제와 호구 신분제가 가져온 차이가 있었다. 이러한 차이는 소득, 복지, 사회적 지위, 노동보장 등 방면에서 나타났다. 개혁 이후 국유기업 개혁과 시장경제의 심화로 상이한 소유제 기업의 노동자 간에 나타나는 차이는 감소했으나 호구제의 영향은 여전히 남아 있다. 이는 농민공이 산업 노동자 계층임에도 임금, 노동보장과 복지 방면에서 도시 노동자와 동일한 혜택을 누리고 있지 못함을 말한다. 단위 부문의 요소도 여전히 노동자 계층을 나누게 되는데 정규부문의 기업은 복지와 노동보장이 비교적 잘 되어 있으나 비정규부문의 기업은 이런 것들이 결핍되어 있다. 개혁 이후 산업 노동자의 사회경제적 지위는 점차 하락했다고 할 수 있고 이것이 노동자 계층의 심리적 압박을 강화시켜 왔다. 결국 기업의 철밥그릇이 깨진다는 것은 기업의 생산력 효율에는 좋을지 모르지만 노동자의 생계보장에는 위협요소로 작용하기 때문이다. 물론 일부 노동자들이 새롭게 기술을 익혀 더 나은 일자리를 얻는 계기가 될 수도 있지만 장기간 취업압력이나 경쟁의식을 가지지 못했던 노동자의 기득권이 사실상 파괴되면서 이러한 변화에 잘 적응하지 못하는 노동자들이 다수 생겨나게 된다.

2001년을 기준으로 보면 산업 노동자 계층에서 농민 신분의 노동자가 차지하는 비율이 절반을 넘는다. 산업 노동자에서 농촌 호구를 가진 사람이 54.9%이고 비농업 호구는 45.1%이다. 1/3의 노동자들이 농촌에 취업해 있는데 이는 향진기업 때문이다. 대규모 산업 노동자가 체제 내인 공유제 기업에서 체제 외인 비공유제 기업으로 옮아가고 있다. 개혁 이전에는 국유와 집체기업 직공이 산업 노동자의 절대다수를 차지했지만 이 시점에서 다수의 산업 노동자는 비공유 경제영역에서 일한다. 21.5%의 노동자가 전민소유제 단위에, 16.4%가 집체소유제 단위에, 62.1%가 비공유제 단위에 취업해있다. 산업 노동자는 여전히 전체 계층구조에서 가장 높은 비율을 차지하고 있고 도시 계층구조에서 21.9%, 농촌에서 9.3%를 차지한다. 소속 단위 등급과 기술에 의거해 산업 노동자를 세 집단으로 구분할 수 있다. 첫째, 2차 산업 기층 관리자로 직접 일선 생산 노동자를 관리하는 조장, 십장 등을 말한다. 둘째, 2차 산업의 기술직 노동자로 전문기능 훈련이나 기술 자격증을 필요로 하는 전기공, 수리공 등이다. 셋째, 2차 산업의 기술이 없는 노동자로 전문적 훈련이나 자격증이 필요 없는 운송업, 건설업 등의 육체노동자를 가리킨다.

농업 노동자(농민) 계층

농업 노동자 계층은 집체나 가정 단위 경작지에서 농업을 유일한 소득원으로 하는 농민과 이외에 임업, 목축업, 어업에 종사하는 사람들을 일컫는다. 체제 외 1차 산업에서 소량의 생산수단을 점유하거나 점유하지 않은 자체 고용자가 이에 해당된다. 개혁과정에서 가정승포제의 개혁정책으로 개혁의 혜택을 입기도 했으나 1990년대 이후 특히 1997년 이후 농산품의 수매곤란, 가격하락, 향진기업 불경기가 겹치면서 역으로 개혁의 피해자가 된 계층이다. 농민 계층은 조직자원이나 문화자원, 경제자원을 거의 가지고 있지 못하므로 전체 사회구조에서 비교적 낮은 지위에 처해 있다. 농민은 농촌에만 존재하는 것이 아니라 도시 주변에서 소량의 경작지를 가진 농민도 존재하는데, 이들은 도시화의 확장에 따라 원래의 농지가 도시 구역으로 편입되면서 땅이 없거나 소량의 토지만을 경작하는 농민으로 전락했다. 그래서 도시 계층구조에도 2.7%의 농업 노동자 계층이 존재한다. 국내 총생산에서 차지하는 농업의 비중이 1978년에는 28.1%였으나 1999년에는 17.3%까지 낮아지고 농업 생산가치가 하락하면서 농민들은 저소득과 비교적 열악한 환경에 놓이게 되었다.

농업 노동자 계층의 동질성은 비교적 높아서 경제사회적 차이가 별로 없다. 그래도 소득과 생활조건에서의 요소로 인해 농민 계층 간에도 약간의 차별성이 존재한다. 첫째, 지역 차이로 경제가 발달한 지역의 농업 노동자의 소득과 생활은 내륙의 미발달 지역보다 좋은 편이다. 둘째, 가정에서 경영하는 항목이나 다루는 농산물의 품종과 다원화 정도에 따라 항목과 종자 수가 많은 농업 노동자의 소득과 수준은 높은 편이다. 셋째, 농가 경영이나 업종의 규모가 큰 경우에도 생활이 넉넉한 편이다. 2001년 현재 농업 노동자 가정의 경영 다원화 정도와 규모에 따라 세 집단으로 구분할 수 있다.

첫째는 전업농가로 경영 규모가 크고, 연소득이 3,000위안 이상인 농업 노동자로 이들의 비율은 12.6%이다. 둘째, 겸업농가로 식량, 채소나 면화 등 주업종 이외에도 적어도 연소득이 1,000위안 이상의 부업이나 겸업을 하는 농업 노동자로 이들의 비율은 25%이다. 셋째, 보통 농민가정으로 상술한 조건이 없는 농업 노동자로 이들은 62.4%를 차지한다.

무직, 실업, 반실업자 계층

이들 계층은 고정된 직업이 없는 노동 연령의 집단을 가리킨다. 체제전환과 산업구조조정은 노동자와 서비스직 종사자의 실업을 가져왔다. 취업기회의 부족으로 수많은 신진 노동인력이 취업 대기 중이다. 또한 도시에서 대량의 토지를 수용함에 따라 농지 없는 농민들이 생겨났고 이들도 적당한 직업을 얻지 못하면 이 계층으로 밀려나게 된다. 어느 사회에나 이러한 계층이 존재하지만 중국의 경우 과도기적으로 이전에 없던 계층이 생겨나는 셈이다. 또한 대다수의 경우 국유, 집체기업 노동자나 그들의 자녀, 농업으로 유지하기 힘든 중장년 농민이 이런 계층을 형성하고 있다. 이들 계층이 중요한 이유는 이들 대부분이 빈곤상황에 처해 있기 때문이다. 이 중에는 취업을 기다리는 젊은 층, 국유와 집체기업에서 하강한 직공, 기타 실업자, 반(半)취업 상태의 사람들이 포함된다.

10대 사회계층의 분포

이상에서 설명한 10대 사회계층이 중국 전체 사회구조에서 차지하는 비율은 어느 정도일까? 2001년을 기준으로 살펴보면 국가, 사회 관리자 계층의 전체 사회계층에서 차지하는 비율은 2.1%(도시 2.6~5%, 농촌 0.2~0.5%)로 전체적인 인구 구성에서 차지하는 비율이 그리 높지 않다. 고위 행정 관리자 집단은 9.4%, 중간급 행정 관리자 집단은 17%, 하급 행정 관리자 집단은 57.9%를 차지한다. 중간급과 고위급 국유사업 단위 책임자 집단의 비율은 15.7%이다. 경영인 계층이 전체 사회계층 구조에서 차지하는 비율은 1.6%(도시 3.4~9%, 농촌에서는 0.4%)이다. 이 중에서 고위급 경영자 집단은 12.6%, 중간급 경영자는 41.4%, 기층 경영자는 46%를 차지한다. 사영기업주 계층의 비율은 1%(도시 1.5~3%, 농촌 0.3~0.7%)를 차지한다. 대기업주의 비율은 낮아서 0.5%, 중간 기업주의 비율은 27.6%, 소기업주의 비중은 71.9%에 달한다. 전문기술자 계층의 비율은 4.6%(도시 8.6~20%, 농촌 1.5~3%)를 차지한다. 과학·기술·문화·위생 전문가가 69.3%를 구성하고, 공정기술자는 22.4%, 상업·무역 등 서비스업 전문가는 8.3%를 차지한다. 사무직 계층의 전체 사회계층에서 차지하는 비율은 7.2%(도시 14.2%, 농촌 3.9~6%)의 비율이다. 사무직 중 당정기관 사무직의 비율은 62.4%, 기업 사무직 37.6%가 된다.

자영업자는 전체 사회계층 구조에서 7.1%(도시 14.4%, 농촌 6.2%)에 해당한다. 1~7인 고용 자영업자는 22.0%, 고용인이 없는 자체 자영업자의 비율은 78.0%이다. 서비스직 계층의 비율은 11.2%(도시 20.4%, 농촌 6.2%) 정도이다. 서비스직 기층 관리자의 비율은 4.4%, 준(準) 화이트칼라 서비스직 종사자는 17%, 서비스직에 종사하는 블루칼라 직원은 78.6%를 차지한다. 산업 노동자 계층의 사회구조에서의 비율은 17.5%(도시 63.6%, 농촌 36.4%)이다. 노동자 비중에서 2차 산업 기층 관리자의 비율은 3.3%, 2차 산업의 기

<그림 4-3> 10대 사회계층 비율 분포도

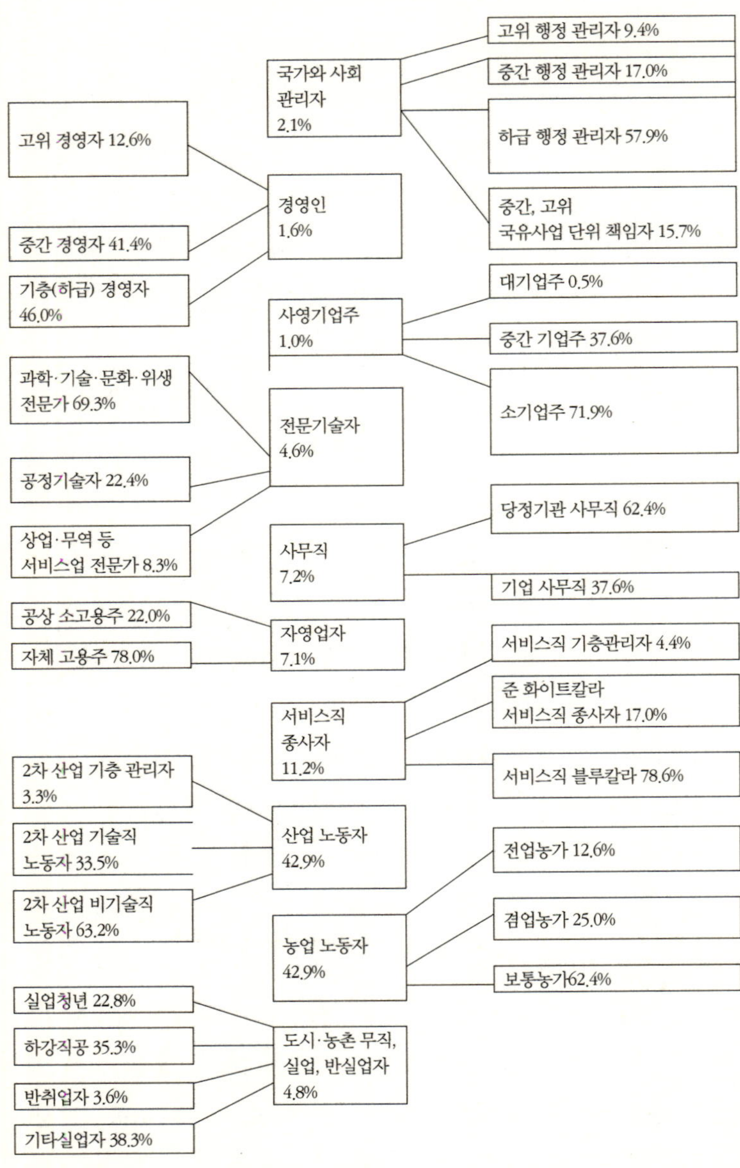

출처 : 陸學藝(2002, 13).

술직 노동자는 33.5%, 2차 산업의 비기술직 노동자는 63.2%를 차지한다. 농업 노동자 계층은 중국에서 가장 다수를 점하는 계층으로 전체에서 42.9%의 비율을 차지한다. 규모가 있는 전업농가의 농민 비율이 12.6%, 겸업농가로 중간 정도의 농민이 25%, 보통 농민 가정이 다수인 62.4%를 차지한다. 도시와 농촌의 무직, 실업, 반실업자 계층이 현재 전체 사회계층 구조에서 점하는 비율은 4.8%(도시 10.3%, 농촌 1.2%)이다. 취업을 기다리는 젊은 층이 22.8%, 국유와 집체 기업에서 하강한 직공이 35.3%, 기타 실업자가 38.3%, 반(半)취업 상태가 3.6%를 차지한다〈그림 4-3〉 참조).

10대 사회계층의 전체적인 분포를 보면 농민 계층이 다수를 차지하고 그 다음이 노동자 계층, 서비스직, 사무직, 자영업자, 전문기술직, 무직, 실업, 반실업자 계층, 국가와 사회 관리자 계층, 경영인 계층, 사영기업주 계층의 순으로 분포되어 있다. 도시의 경우는 노동자 계층이 다수를 차지하고 서비스직, 사무직, 자영업자, 무직, 실업, 반실업자 계층, 전문기술직, 경영인, 국가와 사회 관리자, 농민, 사영기업주 계층 순이다. 농촌의 계층구조는 농민이 절대다수이고 노동자, 자영업자 계층이 비슷한 비율로 존재하며 다음에 서비스직, 사무직, 전문기술직, 사영기업주, 무직, 실업, 반실업자 계층이 일부 있고 국가와 사회 관리자, 경영인 계층은 극소수이다〈그림 4-4〉 참조).

10대 사회계층의 자원 현황

앞에서 경제자원을 기본적 기준으로 해서 상중하의 구분을 했지만 10개 사회계층도 단순히 직업적 분류만을 한 것이 아니므로 계층 자체의 상중하의 등급구분이 가능하다. 10대 사회계층을 상중하로 구분해 보면 행정

<그림 4-4> 전국, 도시, 농촌의 10대 사회계층 분포도

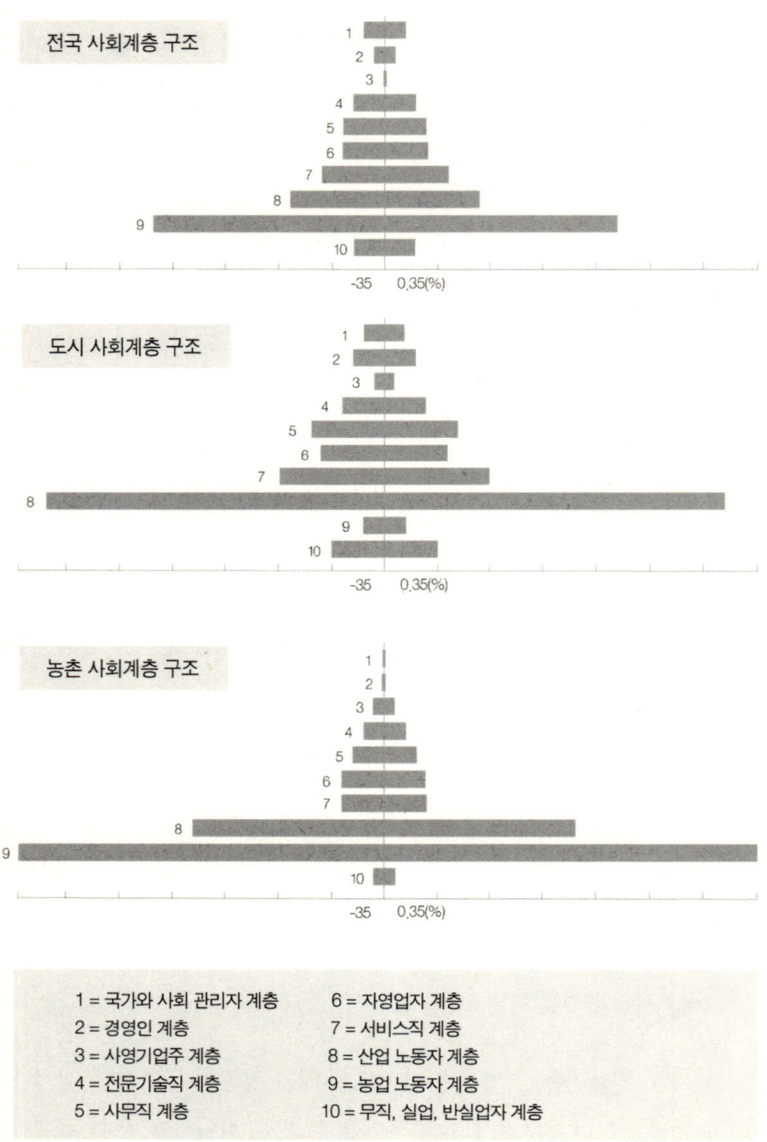

출처 : 陸學藝(2002, 14).

<표 4-1> 10대 사회계층의 소득 수준

계층구분	취업자 평균 월 소득		도시 취업자 평균 월 소득				농촌 취업자 평균 월 소득			
	평균 (위안)	순위	평균 (위안)	순위	선전	순위	평균 (위안)	순위	한촨	순위
국가 및 사회 관리자 계층	1,001.29	3	1,044.89	4	4,500	5	725.00	4	660	1
경영인 계층	1,554.86	2	1,638.57	2	7,666	1	1,401.67	2	304	6
사영기업주 계층	4,414.93	1	3,242.59	1	7,572	2	4,395.81	1	631	2
전문기술직 계층	818.05	5	1,050.77	3	5,799	4	491.31	8	473	3
사무직 계층	769.84	6	799.55	6	3,045	6	625.81	5	401	5
자영업자 계층	1,000.93	4	899.10	5	6,014	3	891.24	3	417	4
서비스직 종사자 계층	644.89	8	696.02	7	2,074	7	586.71	7	235	8
산업 노동자 계층	664.86	7	690.71	8	1,749	8	590.63	6	245	7
농업 노동자 계층	162.66	10	210.70	10	-	-	160.84	10	181	9
무직, 실업, 반실업자 계층	276.60	9	256.32	9	-	-	408.61	9	-	-
평 균	531.93	-	873.84	-	3,532	-	364.51	-	265	-

출처 : 李春玲(2005, 131)과 陸學藝(2002)의 선전, 한촨의 소득 부분을 첨가해서 표로 만든 것임.

관리권을 가진 간부, 경영자 계층, 사영기업주 계층은 상층에 속한다. 중간 층은 2001년 18.9%로 급증했는데 구 중간 계층이라 할 수 있는 것이 자영 업자이며 신중간층이 전문기술직과 사무직이다. 하층은 상업과 서비스 산 업에 종사하는 비전문직, 비육체, 육체 노동자, 농민을 모두 포함한다. 그러 나 10대 사회계층의 각각에도 나오듯이 모든 계층이 동일하게 상중하층에 속하는 것은 아니다. 동일한 계층에서도 상중하의 등급 분류가 나타나는데, 사영기업주를 모두 상층으로 자영업자를 모두 중간층으로 보기 어려우며 노동자의 경우도 모두 하층으로 분류할 수 없다. 여기에서 10대 사회계층 의 구성 분류는 평균과 일반적인 범위를 고려한 구분이라고 보면 된다. 10 대 사회계층은 상이한 경제, 정치권력, 사회 문화자원을 갖고 있다. 경제자

<표 4-2> 10대 사회계층의 가구당 월 평균 소비

10대 계층	대상 수	평균소비액 (위안)	표준차	순위
국가와 사회 관리자	70	410.03	288.90	3
경영인	94	495.53	695.80	2
사영기업주	63	560.00	397.60	1
전문기술직	263	359.76	375.20	4
사무직	457	309.44	236.35	6
자영업자	651	315.19	335.52	5
서비스직 종사자	635	289.66	272.93	7
산업 노동자	836	269.16	271.00	8
농업 노동자	2,476	119.72	104.44	10
무직, 실업, 반실업자	284	256.60	224.36	9
합 계	5,828	228.18	258.81	-

출처 : 李春玲(2005, 241).

원은 개인 월 소득과 가정의 월 평균 소비로 알 수 있는데, 우선 10대 계층의 월 평균 소득의 상황을 보면 1순위는 사영기업주 계층이며 다음이 경영자 계층, 3위가 국가와 사회 관리자 계층이다. 농민과 서비스직, 노동자가 하위를 차지한다(<표 4-1> 참조).

　가정을 기준으로 월평균 소비를 보아도 1위는 역시 사영기업주 계층이며 2위는 경영인 계층, 3위는 국가와 사회 관리자 계층이다. 농민이 최하위이며 노동자와 서비스직 종사자도 역시 비슷한 수준이다(<표 4-2> 참조).

　권력자원의 현황은 각 계층의 당원 점유비율을 통해 알 수 있다. 지역별로 구분되어 나타나기는 하지만 선전의 경우 국가와 사회 관리자는 100%가 당원이다. 경영인은 35.7%이며 사무직, 전문기술직, 사영기업주 계층도 22~28%의 비율을 보인다. 노동자의 경우는 0%이다(<표 4-3> 참조).

<표 4-3> 중국 사회계층의 당(당원)과 사회단체(단원) 참가 비율 (단위 : %)

계층 분류	선전		허페이		한촨		전닝	
	당원	단원	당원	단원	당원	단원	당원	단원
국가와 사회 관리자	100.0	100.0	77.5	95.0	100.0	90.0	100.0	93.3
경영인	35.7	76.8	58.8	97.1	53.8	61.5	-	-
사영기업주	22.2	85.2	24.4	72.1	9.1	45.5	0.0	0.0
전문기술직	27.2	86.4	25.2	88.2	17.8	73.3	24.0	67.3
사무직	28.2	87.4	40.7	83.6	54.5	75.3	46.3	44.4
자영업자	13.7	60.8	10.4	52.8	7.7	41.0	5.2	11.8
서비스직 종사자	10.4	59.4	7.6	68.3	10.6	55.3	3.9	28.8
산업 노동자	0.0	72.2	13.3	72.9	5.9	31.1	10.3	21.6
농업 노동자	-	-	-	-	4.3	23.9	5.2	10.2
무직·실업·반실업자	2.0	58.4	9.1	58.3	1.8	46.4	3.9	9.0
평 균	17.5	73.1	23.4	74.1	12.1	40.3	6.7	12.9

출처 : 陸學藝(2002, 36).

<표 4-4> 중국 사회계층의 경제사회 지위 지수

10대 계층	대상 수	경제사호 지위 지수 (평균)	표준차	경제사회 지위 지수 순위
국가와 사회 관리자	39	82.55	5.32	1
경영인	65	73.90	6.01	2
사영기업주	61	71.44	5.66	4
전문기술직	183	73.02	6.50	3
사무직	313	64.40	6.71	5
자영업자	589	56.72	3.56	6
서비스직 종사자	550	53.88	7.04	7
산업 노동자	580	52.45	4.77	8
농업 노동자	2330	46.55	1.39	10
무직, 실업, 반실업자	301	48.49	0.81	9
합 계	5011	51.76	9.39	-

출처 : 李春玲(2005, 202-203).

   각 계층의 사회적 자원 점유 현황은 각 사회계층의 사회경제 지위지수
를 통해 측정할 수 있다. 순위를 보면 1위는 국가와 사회 관리자이고 2위는
경영인, 3위는 전문기술직, 4위가 경영인이다. 농민과 노동자, 서비스직 종
사자는 사회적 지위에 대한 지수도 낮다(〈표 4-4〉 참조).

   각 계층 내부가 동일한 자원을 갖고 있지는 않지만 전체 사회계층을 10
개의 큰 계층으로 구분했을 경우 국가와 사회 관리자, 경영인, 사영기업주
계층이 자원의 많은 양을 점유하고 있음을 알 수 있다. 역으로 농민과 노동
자, 서비스직에 종사하는 사람들은 경제, 정치, 사회자원의 점유가 현저하
게 낮게 나타난다.

제5장

중국인의 계층의식과 계층이동

계층 정체성과 계층의식

마르크스는 노동자 계급의 계급적 각성과 계급의식을 강조한 바 있다. 자본가 계급의 노동착취에 대해 계급적 입장이 생기면 계급집단의 정체성을 통해 즉자적 계급이 대자적 계급으로 변해가면서 자신의 상황을 바꾸려는 집단행동을 하게 된다. 후기 마르크스주의자들도 사회의식 형태로 구체화되는 계급의식이 사회개혁을 추동하는 데 영향을 준다고 보았다. 어떤 측면에서는 계층의 객관적 상황보다는 주관적 자각과 인식이 계급과 계층을 결정짓는 중요한 척도가 될 수도 있다. 전통적 계급구조에 기초한 집단 정체성과 계급의식이 계급의 부재와 함께 없어졌다고 보는 학자들일지라도 이를 대신해서 개인주의에 기초한 사회적 태도와 귀속 계층에 대한 의식과 정체성 그리고 생활방식의 상이함이 새로운 집단의식을 만들어주며 이것이 새로운 형태의 사회운동에 대한 관심을 유발한다는 데에 동의한다 (Wright 1978; Parkin 1979; Goldthorpe and Marshall 1992, 381-400; Beck 1992). 계층이나 집단의 의식을 살펴보는 것은 그러므로 계층구조를 이해하는 데 의미를 가진다. 계층의식은 집단의식의 개념인 동시에 일정한 사회계층 지위의 개인이 가진 사회 불평등 상황과 그 자신이 처해 있는 사회경제 지위에 대한 주관적 인식과 평가이다. 현재 중국인들은 자신이 어떤 계층에 속한

다고 여기는지, 계층으로서의 정체성과 계층의식을 가지고 있는지, 자신이
처한 사회에 불평등한 구조가 존재한다고 인식하는지, 중국인들이 계층과
계층의 지위를 구분하는 근거는 무엇인지에 대한 해석을 내리는 것이 중국
사회계층 구조를 이해하는 데 필요한 과정이 될 것이다.

중국 10대 사회계층의 귀속의식

여기에서는 류신과 리춘링이 2001년에 행한 계층의 주관적 인식을 묻
는 조사에 의거해 중국 10대 사회계층의 귀속의식을 살펴보고자 한다(劉欣
2004; 李春玲 2005). 자신이 어느 계층에 속한다고 보는가에 대한 질문에서
국가와 사회 관리자는 64.3%가 자신을 당정 지도간부로 여긴다. 경영인 계
층은 1/3인 33.7%가 자신을 경영자로 보고, 18.5%는 자신을 사무직으로,
15.4%는 전문기술자, 17.7%는 노동자로 여긴다. 경영인 계층은 계층 정체
성이 가장 분산적인데, 아마도 개혁과정에서 새롭게 나타난 계층이므로 계
층 귀속성이 낮아서일 것이다. 경영자는 국유기업 경영자와 외자나 삼자기
업 경영자가 계층의식 면에서 차이를 보인다. 가치관념이나 생활방식이 서
구화된 경영자들과 국가의 정책을 지지하는 보수적 경영자들이 다른 입장
을 가질 수 있다. 전문기술자 중에서 60.5%가 자신을 전문기술자 계층으로
보는데, 3/5만이 객관적으로 계층인식을 하고 있는 것이다. 이들은 주관적
으로 11.1%가 자신을 사무직으로 8.7%가 노동자로 생각하고 있다. 전문기
술직은 자신의 계층에 대해 모호한 편인데, 이는 현재 중국의 전문기술직
계층의 구성이 복잡해서 서구처럼 고등교육이나 전문기능을 배워서 전문
기술직 계층이 되었다기보다는 업무과정에서 점차 전문기술직으로 진입한

경우, 즉 노동자, 농민이나 사무직이 많기 때문이다. 사영기업주는 1/5인 19.4%만이 자신을 사영기업주로 생각하고 54.8%가 자영업자 계층이라고 말한다. 중국에서 통용되는 분류기준과 사영업자와 자영업자를 나누는 기준이 서로 맞지 않다는 걸 알 수 있다. 그들의 의식 속에 사영기업주는 대규모 기업의 사장을 말하며 스스로를 사영기업주보다는 자영업자에 귀속하고자 한다.

사무직은 1/3인 31.5%가 자신을 사무직으로 여긴다. 25.4%는 노동자로, 10.2%는 농민으로, 9.3%는 간부로, 9.1%는 향촌 관리자로 생각한다. 사무직은 일종의 과도기적 직업으로 수많은 젊은이들이 이 직업을 거쳐 간부나 경영자, 전문기술자로 전환되기 때문에 계층 정체성이 비교적 적은 것으로 보인다. 자영업자는 53.6%가 스스로를 자영업자로 여기며 24%는 자신을 농민이라고 생각한다. 그들 다수가 농업에서 자영업으로 전환해서일 것이다. 서비스직은 2/5인 37.9%가 스스로를 노동자라고 여기며 17.3%가 자영업자, 12.7%가 농민이라고 생각한다. 다수의 농민, 노동자들이 서비스직으로 몰리기 때문에 서비스직의 계층 정체성은 거의 형성되지 않은 것으로 나타난다. 노동자는 51.2%가 자신을 노동자로 여기고 23.4%가 농민이라고 생각한다. 이는 현재 중국의 노동자 계층이 도시호구를 가진 산업 노동자들과 농촌에서 온 농민공으로 이루어져서 이러한 양분된 의식구조를 보이는 듯하다. 농업 노동자 계층은 91.6%가 자신을 농민 계층으로 여긴다. 계층 정체성이 비교적 높다고 볼 수 있다. 무직, 실업, 반실업자 계층은 67.6%가 자신을 실업, 무직자로 여기며 15%는 노동자라고 생각한다. 그들 다수가 이전의 직업이 노동자였기 때문이다.

이상의 자료에서 알 수 있듯이 사회계층 구조에서 상층과 하층의 경우 계층 정체성이 비교적 높다. 상층에 위치할수록 우월감이나 특권의식이 강하고 자신을 다른 계층과 구별하려고 한다. 하층의 경우는 사회에 대한 불만이 크기 때문에 뭉치는 결속력을 가진다. 사회중간층에 있는 사람들은 계층 정체성이 상대적으로 낮은데, 다수가 각종 방식을 통해 더 높은 계층으로 이동하고자 하는 욕구가 강해 현재 처해 있는 계층에 대한 귀속력이 약하다.

계층인식과 객관적 지위의 차이

사람들은 계급이라는 용어를 사용하든 계층이라는 개념을 사용하든 중국 사회에 경제적·사회적 차이가 존재한다고 본다. 1995년과 1996년 조사와 1999년과 2000년에 걸친 조사의 시기적 구분을 통해 계층에 대한 인식의 변화를 살핀 자료에 의하면 90년대 중반보다 후반에 와서 계층구분 인식이 강화된 것으로 나온다.[1] 1995, 1996년에는 1/3만이 계층 현상이 존재한다고 보았는데 1999, 2000년 조사에서는 80%가 계층이 존재한다고 답했다. 그러나 과연 사람들은 자신이 처해 있는 객관적 계층의 지위를 주관적으로도 인식하고 있을까? 90년대 초반 상하이, 광저우의 계층의식 조사를 보면 사람들의 객관적 계층 지위와 주관적인 계층 의식이 일치하지 않는다(中國社會科學院社會學硏究所 1996, 119-127). 90년대 후반 실시된 사회계층의 자체적 사회지위 평가를 보면 국가와 사회 관리자 계층과 경영자 계층은 44~47%가 자신을 중층으로 사영기업주, 전문기술직, 사무직, 자영업자

---

1 이 자료는 1995년에서 2000년까지의 기간 동안 광둥성 선전시, 하이난성 하이커우시(海口市)와 산야시(三亞市), 후베이성 한촨시와 장쑤성 타이창시(太倉市), 랴오닝성 하이청시(海城), 안후이성 허페이시(合肥市), 베이징 등 지역에서 160여개 사례를 중심으로 인터뷰해 모은 것이다.(李春玲 2006, 89-113).

<표 5-1> 중국 사회계층의 자체적 사회지위 평가 (단위 : %)

계층구분 \ 사회지위 등급	상	중상	중	중하	하	모름/무응답	합계
국가와 사회 관리자	9.4	38.7	44.6	6.2	1.1	0.0	100
경영인	5.7	28.9	47.6	13.9	2.5	1.4	100
사영기업주	5.0	29.1	54.2	0.6	6.1	5.0	100
전문기술직	2.1	18.0	51.0	21.3	5.4	2.2	100
사무직	4.6	17.1	52.9	17.4	4.4	3.6	100
자영업자	1.8	10.7	51.2	23.6	10.5	2.2	100
서비스직 종사자	0.1	4.1	45.1	23.3	22.5	4.9	100
산업 노동자	0.8	4.6	40.5	29.9	21.4	2.8	100
농업 노동자	0.7	3.9	32.1	25.4	30.8	7.1	100
무직, 실업, 반실업자	0.6	5.0	42.2	29.2	19.7	3.3	100
합 계	1.3	7.5	40.2	24.3	21.7	5.0	100

출처 : 李春玲(2005, 215).

<표 5-2> 선전 조사대상 계층의 객관적 비율과 명수

계층구분	점유 비율(%)	대상 수(명)
국가와 사회 관리자	1.0	12
경영인	13.7	169
사영기업주	4.4	54
전문기술직	12.6	155
사무직	19.9	245
자영업자	9.8	120
서비스직	22.5	276
산업 노동자	5.1	63
대기, 실업, 반실업	11.0	135
합 계	100.0	1229

출처 : 汪開國(2005, 88-89).

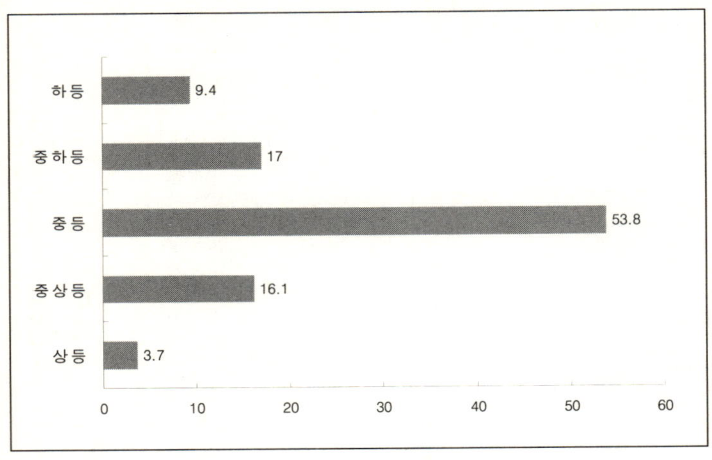

〈그림 5-1〉 선전 조사대상 계층의 주관적 인식

출처 : 汪開國(2005, 111).

계층은 51~54%가 자신을 중간층으로 인식한다. 서비스직, 노동자의 경우도 40~45%가 자신을 중층으로 평가했고 농민의 경우만 32.1%가 스스로를 중층으로 여겼다(〈표 5-1〉 참조).

개별적 지역으로 보면, 선전에서 9개 계층에 대해 실시한 설문조사에서 조사대상 1,229명에서 상층에 속하는 국가와 사회 관리자, 경리, 사영기업주가 25.1%이고 중간층에 속하는 전문기술직, 사무직, 자영업자가 42.3%이고 하층에 속하는 서비스직, 노동자, 실업자가 38.6%의 비율을 차지했다. 그런데 이들이 주관적으로 자신이 어느 계층에 속하는가에 대한 질문에서의 분포는 상층이 3.7%이고 중상층이 16.1%, 중층이 53.8%, 중하층이 17.0%, 하층이 9.4%이다(〈표 5-2〉, 〈그림 5-1〉 참조).[2]

사회과학원이 행한 푸칭(福淸)의 조사에서도 동일한 현상이 발견된다. 조사대상의 객관적인 계층 지위는 상층이 2.20%, 중상층이 26.90%, 중층이

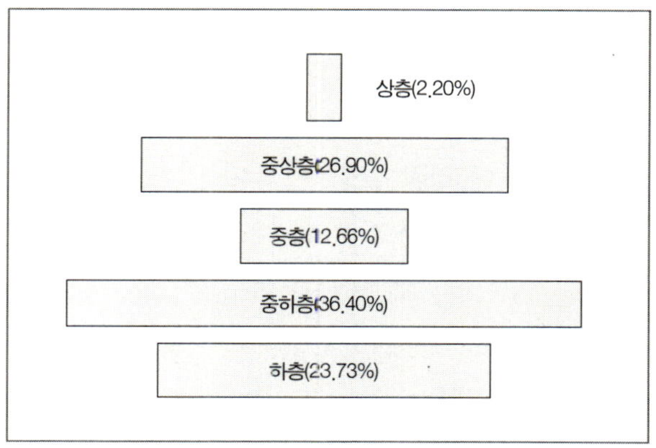

〈그림 5-2〉 푸칭시의 객관적 사회계층 구성도

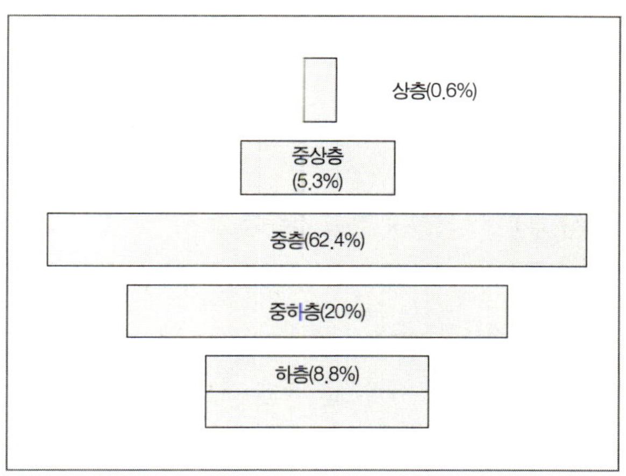

〈그림 5-3〉 푸칭시의 주관적 사회계층 구성도

출처 : 陸學藝(2005, 328-329).

---

2 이 자료는 2001년 5월부터 7월까지 선전 특구 4개구에 대한 조사를 근거로 했다. 특구 지역에 대한 조사이므로 10개 계층 중 농민계층이 없다.

12.66%, 중하층이 36.40%, 하층이 23.73%였다. 그러나 이들의 주관적 계층 귀속 인식은 상층이 0.6%, 중상층이 5.3%, 중층이 62.4%, 중하층이 20%, 하층이 8.8%로 나타난다〈그림 5-2〉, 〈그림 5-3〉 참조).

실제로 상층에 속하는 사람들이나 하층에 속하는 사람들이 주관적으로 스스로를 중간층에 귀속시키려는 경향이 크다는 것을 알 수 있다. 실권을 가진 지도 간부급과 사영기업주 계층의 경우 사회의 상층으로 분류되지만 이 계층의 대다수 사람들은 자신이 사회의 상층이라는 걸 부인한다. 대기업이나 영향력을 가진 소수의 기업주는 자신을 사회의 상층이라고 보았으나 대다수 사영기업주는 경제방면에서는 상층일 수 있으나 다른 측면에서는 그렇지 않다고 답했다.

계층인식의 변화

시간이 지남에 따라 객관적 계층 지위를 주관적으로 인정하는 계층 의식은 점차로 변화되어 가고 있다. 노동자들은 자신들이 노동계급, 무산계급이며 사회적 지위가 빈곤계층, 하층계층에 속한다고 보며, 농민들은 그들 스스로를 농민계급으로, 최저계층, 하층계층의 사회적 지위를 가진 것으로 여긴다. 자영업자는 자신을 자영업 혹은 상업 종사자로 보고 중간계층, 중하층 계층으로 분류했으며 소수의 사람들은 하층이라고 여겼다. 중간급 간부와 전문기술직은 자신들이 간부 계층, 관리자 계층, 전문기술자 계층, 지식인 계층, 샐러리맨 계층으로 불릴 수 있으며 사회적 등급은 중간계층이라고 여긴다(劉欣 2004).[3] 90년대 후반에는 사람들의 객관적 경제사회 지위와 주관적 계층인식 사이에 점차 일치를 보이고 있어서 경제사회

지위가 동일한 계층의 정체성이 커지고 있음을 입증한다. 계층인식이 존재한다는 것은 어떤 현상에 대해 계층별로 구분되는 동일한 의견이 나오는 것을 말한다. 2000년과 2001년 조사를 보면 1995년에 비해 5-6년간 경제개혁과 경제발전이 비록 반수 이상의 사람들에게 이득을 가져다주었으나 상당수의 사람들이 이익이 얻지 못했거나 상대적으로 손해를 보았다고 답했다. 보편적으로 이득을 얻었다고 느끼는 계층은 국가와 사회 관리자, 경영인, 사영기업주, 전문기술자 계층이고 자영업자, 서비스직, 산업 노동자, 농업 노동자와 무직, 실직 계층은 대다수가 자신이 손해를 보았다고 인식했다(陸學藝 2002, 10).

또한 현재의 생활이 1995년보다 좋아졌는가라는 질문에 국가, 사회 관리자 계층은 48.39%, 경영인 계층은 47.55%, 사영기업주 계층은 53.97%, 전문기술직 계층은 43.51%, 사무직 계층은 37.47%, 자영업자 계층은 28.91%, 서비스직 계층은 24.08%, 산업 노동자 계층은 26.14%, 농업 노동자 계층은 7.84%가 그렇다고 답했다. 상층에 속하는 계층이 반수 정드가 그렇다는 대답을 한 반면 서비스직 종사자와 노동자는 1/4이, 농민은 적은 수만이 생활의 개선을 긍정적으로 답했다. 이는 90년대 후반의 개혁과정에서 하층이 개혁의 혜택을 입지 못했다는 공통된 인식을 갖고 있음을 보여준다. 당신의 5년 후의 생활이 지금보다 좋아질 것인가라는 미래에 대한 기대를 묻는 질문에서도 사영기업주는 50%가, 국가와 사회 관리자, 경영자 계층은 34~35%가 많이 좋아질 거라는 기대를 한 반면 서비스직, 농민 계층은 18% 정도만이, 노동자와 자영업자 계층은 24% 정도가 많이 좋아질 거라고 대답했다(〈표 5-3〉 참조).

---

3 이 자료는 우한 주민을 대상으로 계층지위 인식(status identification)에 대한 조사를 진행한 것이다.

<표 5-3> 중국 사회계층의 생활 변화에 대한 견해와 미래에 대한 기대(단위 : %)

계층구분	1995년과 비교하여 현재의 생활이 좋아졌습니까, 나빠졌습니까?						당신이 생각하기에 5년 후의 생활이 지금보다 좋아질까요, 지금보다 못할까요?					
	많이 좋아짐	조금 좋아짐	거의 비슷함	조금 나빠짐	많이 나빠짐	모름	많이 좋아짐	조금 좋아짐	거의 비슷함	조금 나빠짐	많이 나빠짐	모름
국가와 사회 관리자	46.2	38.6	10.4	2.7	2.1	0.0	34.9	45.3	9.0	4.2	1.7	4.9
경영인	51.0	29.4	13.5	3.1	2.9	0.0	35.6	33.8	12.3	3.9	1.6	12.9
사영기업주	58.4	24.0	11.5	4.2	1.8	0.0	50.4	36.2	4.3	3.5	0.0	5.7
전문기술직	41.7	38.5	12.8	5.1	1.6	0.2	29.2	39.5	9.8	7.7	0.6	13.2
사무직	41.6	39.3	9.9	6.9	1.9	0.5	29.4	43.7	10.1	4.6	1.2	11.0
자영업자	33.0	44.3	11.9	7.2	3.6	0.0	24.0	42.6	7.8	6.5	1.5	17.7
서비스직 종사자	27.9	44.9	14.8	8.3	4.0	0.1	18.0	47.2	12.5	7.1	2.7	12.4
산업 노동자	26.8	45.4	16.8	6.2	1.8	0.0	24.5	38.4	16.0	5.8	1.4	14.0
농업 노동자	26.9	44.4	16.0	7.9	4.3	0.5	18.5	43.4	14.0	8.4	1.4	14.2
무직, 실업, 반실업자	17.0	38.1	14.0	14.1	14.7	2.0	15.2	37.0	11.3	11.4	3.8	21.4
평 균	29.9	43.1	14.7	7.5	4.4	0.4	21.9	42.3	12.7	7.3	1.6	14.2

출처 : 李春玲(2005, 332).

계층별로 생활의 변화에 대한, 그리고 미래에 대한 기대가 차이를 보이고 있으며 이는 그들이 처한 상황과 무관하지 않아 보인다. 중국에서 10대 계층의 구분을 통해 사회계층의 구성을 보여주고 있고 사회 구성원들도 계층화가 만들어진다고 인정하지만 계층의식에 대한 조사가 보여주듯 45.2%의 사람들이 자신이 어떤 계층에 속하는지 모른다고 답한다. 결국 중국 사회가 여전히 분화되는 과정에 있고 정형화된 사회계층이 아직 형성되지 못했다는 것을 간접적으로 보여 주기도 한다. 중국 사회에 이미 계층화가 완성되었다고 보는 시각이 주류이지만 이것이 고정된 것은 아니며 모든 사람들에 의해 보편적으로 인정된 계층구조라고 하기 어려운 측면이 있다.

계층교류와 계층구조

계층구조가 필연적이라 할지라도 그 사회가 개방적이고 열린 사회인가를 가늠하는 것은 계층 사이의 교류나 계층이동이 자유롭게 이루어지는 가에 달렸다. 동일한 계층에 위치해 있는 사람들은 공통된 사회경험과 역할, 속성을 가지게 되며 이런 이유로 계층 내의 상호교류가 촉진된다. 비슷한 계층끼리 혼인을 맺거나 사교클럽을 결성하는 추세가 여기에서 나온다. 그러나 이러한 계층 내의 교류는 다른 계층에 대한 이질감으로 표현되며 결국 계층구조가 사회의 불평등 구조를 강화시키는 요인이 된다. 계층교류는 일종의 관계적 접근(Relational Analysis)을 통해 이질적인 계층들이 어떠한 상호작용을 하는지를 보여준다(Giddens 1980; Portes, 2000, 249-284; Wright and Cho 1992, 85-102; Erickson 1996, 217-251; Erickson 2001, 127-158). 관계적 분석의 특징은 사회적 지위를 넘어서서 사회적 네트워크를 바라보는 것이다. 이 분석은 계층의 사회적 지위의 차이를 평가하기도 하며 어떤 계층이 사회적으로 중심이고 어떤 계층이 변경에 위치하고 소외되어 있는지를 규명해 낼 수 있다(Wright 1997). 계층교류에 대한 연구는 사회에서 우세한 위치에 있는 계층이 다른 계층에 의해 그들의 자원과 특권을 차지하지 못하도록 스스로의 경계를 강화하는가, 즉 계층차별이 이루어지는가에 대해 알게 해준다(孫立平 2002a). 또한 계층교류가 어떻게 이루어지는가를 살펴봄으로써 계층 사이에 위계가 설정되어 있는지, 있다면 어떤 위계질서를 형성하는지 알 수 있다. 이런 측면에서 계층교류에 대한 다양한 사례를 찾아보는 것은 한 사회의 계층구조를 이해하는 중요한 시각을 제공하게 된다.

계층교류의 사례 : 토론 네트워크와 신년 하례 네트워크

계층교류는 몇 가지 측면에서 살펴볼 수 있는데, 여기에서는 토론 네트 워크와 신년 하례 네트워크를 사례로 삼았다. 토론 네트워크란 한 사회계 층이 무슨 문제가 생겼을 경우 혹은 시사와 관련된 쟁점 같은 것을 누구와 토론하는가이다. 이를 통해 한 계층 구성원의 계층교류의 깊이와 범위를 측량할 수 있다. 예를 들면 전문기술자와 사무직의 경우 토론대상이 노동 자인 경우는 16.7%에 불과하다. 기술자, 사무직, 지식인 등 고등교육을 받 고 고소득이며 사회적 지위가 높은 계층의 토론 네트워크는 노동자를 배제 하고 자신들끼리 토론 네트워크를 형성한다(劉精明·李路路 2005, 52-81). 신 년 하례 네트워크는 계층들이 신년에 서로 왕래하는 교류 대상에 대한 관 찰이다. 주인과 방문객의 관계가 어떻게 되는지, 계층을 가로지르는 사회 적 유대의 범위와 강도가 어떻게 되는지를 알 수 있다(邊燕杰·李玉 2001, 1-18). 신년 하례의 교류는 집단적 역동성 속에서 계층변수의 초기연구를 위한 좋은 포커스를 제공한다. 농촌뿐 아니라 중국 도시에서 사회적 모임 과 방문은 사회적 유대를 진작시키고 유지하고 발전시키기 위한 개인과 가 족을 위한 중요한 사건이다(Yang 1994; Yan 1996; Bian 1997, 266-285). 전문기 술직, 사무직, 관리직의 경우 이들의 87%가 노동자들의 새해인사를 받는 다. 노동자들의 경우 이들에게 새해 인사를 오는 전문기술직, 사무직, 관리 직의 비율은 10% 이내이다(劉精明·李路路 2005, 65-69). 계층 위치와 교류대 상이 비교적 명확한 대응을 보여 주는데, 신년에 노동자들은 자신보다 높 은 계층의 사람들을 찾아가는 반면에 높은 사람들이 노동자에게 새해 인사 를 오는 비율은 매우 낮다.

계층교류와 중국 사회

계층교류를 통한 연구는 우선 신년 방문의 경우 한 가장의 직업에 대한 고려가 분명하게 들어가 있어서 직업이 단지 일의 종류의 문제가 아니라 사회계층 구별의 중요한 변수가 된다는 것을 보여준다. 신년 방문은 다른 직업을 가진 사람에 대한 방문과 비교할 때 직업을 공유한 사람들 간의 방문자가 58%가 된다(張文宏 2006, 186-195). 둘째, 화이트칼라와 블루칼라 사이의 사회적 거리를 보여준다. 관리자와 노동자 가정 사이에서의 신년교류가 그것을 증명한다. 육체노동을 하는 가장들은 사회적 유대의 분명한 패턴을 가진다. 시장화와 사유화의 개혁 이후 중국 도시에서 블루칼라 노동자는 사회적으로 점차 소외되어 가고 있다. 셋째, 엘리트가 통합된 것이 아니라 권력을 가진 엘리트와 기술을 가진 엘리트가 이분된다는 사실이다. 국가 관료 엘리트 가장(간부, 법조인, 경찰, 행정가)은 직업적으로 분명한 결속의 패턴을 보여준다. 신년 인사에서 이 가장들은 다른 직업의 사람보다 서로 자주 방문한다. 기술 엘리트인 전문기술직(과학자, 연구자, 대학교수, 학교 교사, 의사와 간호사)도 물론 그들 사이의 교류 경향을 확연하게 드러내지만 관료들에 비해 노동자들과 교류하는 비율이 높다. 사회 교류의 네트워킹 구성에서 관료보다는 전문기술직이 유리한 네트워킹 구심을 형성하고 있음을 알 수 있다. 넷째, 경영인 계층의 경우 그들은 자신들의 이익을 공유하면서 그들의 지위를 보호하기 위한 사회적 방어와 배타적 파벌을 형성하는 경향이 있다. 경영자 계층의 구성원인 가장은 다른 화이트칼라나 블루칼라 계층의 가장보다는 그들 사이의 신년방문을 더 자주하고 있다 (Yanjie, Breiger, Davis, Galaskiewicz 2005, 1443-1468).[4] 중국 사회에서 신년 하

---

4 이 연구는 1년에 걸친 인터뷰 프로젝트이며 상하이, 선전, 톈진, 우한 도시를 대상으로 했다. 13

레 패턴을 구성하는 직업 계층구조는 상당히 위계적이다. 가정을 범주로 한 계층의 개인과 가장들은 동일한 계층 내에서 다른 사람들을 방문하는 것이 더 빈번하다. 중국의 신년 하례 네트워크에서 계층은 중요한 변수로 작용함을 알 수 있다.

계층이동과 계층구조

계층이동을 살펴보는 것은 자신의 직업을 통한 계층으로의 귀속이 혈연이나 가정배경의 선천적 변수에 의한 것인가, 아니면 후천적 변수인 자유로운 기회획득과 노력에 의해 되는 계층구조인가를 규명하기 위해서이다(〈그림 5-3〉 참조).[5] 계층이동에 대한 연구는 일반적으로 두 가지 변수를 사용하는데, 세대 간 이동과 세대 내 이동이다. 세대 간 이동은 부친의 직업과의 연속성을 살펴서 계층이동이 시간의 흐름을 지나 얼마만큼 진행되고 있는가를 보는 것이고, 세대 내 이동은 상이한 계층의 유출과 유입을 살펴서 계층이동이 얼마나 자유롭고 개방적으로 이루어지고 있는가를 규명하는 것이다.

계층의 세대 간 이동은 부친의 교육 정도, 직위, 기술 취득 여부와 밀접

가지 직업을 선택해 조사했는데 관료, 관리자, 과학자/교수, 선생, 전문가, 의사/간호사, 회계사/세일즈, 법/경찰, 행정/사무, 산업, 운전사, 서비스/상업, 가내 노동자가 그것이다. 1998년 1월과 1999년 1월 사이에 행해졌고 1998년 신년 인사의 사회적 상호작용을 대상으로 했다.
5 계층이동은 사회 내 이동기제에 의해 이루어진다. 계층이동을 가능케 하는 거시적 변수는 한 사회의 정치, 경제와 사회제도이며 그 사회가 공업화, 시장화, 도시화를 해 나가는 과정을 통해 사회적 지위를 획득하게 된다. 거시적 변수 이외에 계층이동을 가능케 하는 것은 미시적 변수로 선천적 요소와 후천적 요소가 여기에 해당된다.

<그림 5-4> 중국의 사회계층 이동기제 구조도

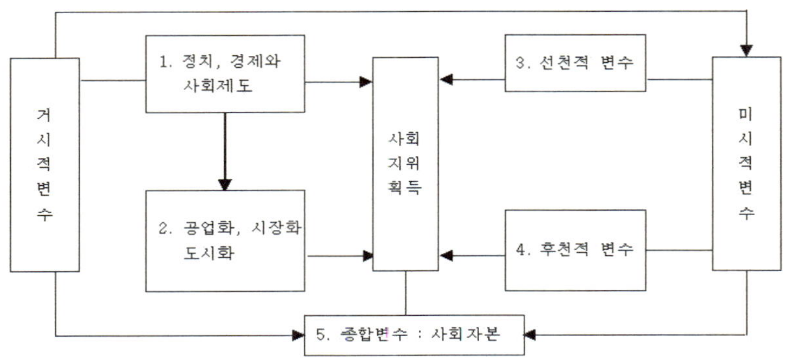

출처 : 陸學藝(2004, 31).

한 관련을 가진다. 이것은 현대사회에서 개인의 사회지위 획득이 비록 자기의 노력과 능력에 달려 있지만 여전히 부모와 밀접한 관련을 가지고 있음을 의미한다(〈그림 5-5〉 참조).

치우리핑과 리춘링의 자료에 근거해 세대 간 이동을 10대 계층별로 구분해 보면 다음과 같다(仇立平 2004; 李春玲 2006). 조사에 의하면 부친 직업이 당정 간부와 기업 경영자인 경우 본인이 당정 관료가 될 가능성이 가장 높았다. 80년대 이후가 오히려 80년대 이전보다 세대 간 계승이 강하다. 예를 들어 80년대 이전 당정 간부 중 10.6%가 당정 간부와 경영인 가정출신인데, 80년대 이후 취업한 당정 간부는 25%가 당정 간부와 경영인 가정에서 유입되었다. 80년대 이전에는 당정 간부의 53.2%가 농민 가정 출신인데, 80년대 이후에는 31.3%가 농민 가정 출신이다. 결국 개혁 이후 농민의 자제가 당정 간부가 될 기회는 개혁 이전보다 낮아졌고, 개혁이 진행되면서 농민 가정보다는 당정 간부와 경영자의 자녀가 당정관료가 될 확률이 높아

〈그림 5-5〉 직업 획득 분석 모델

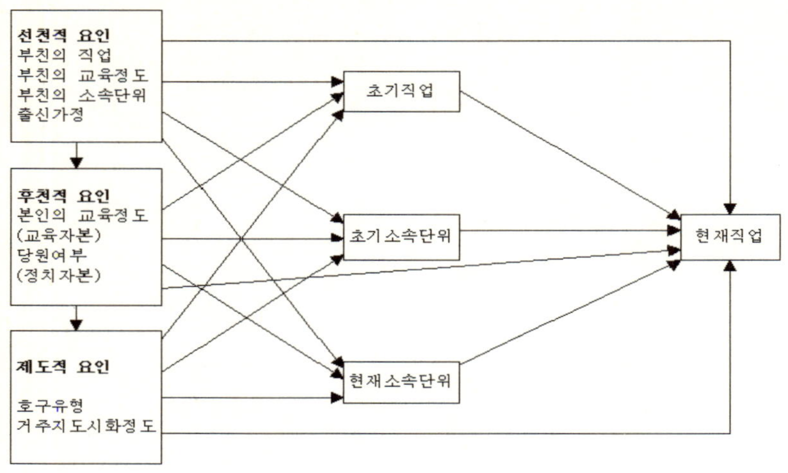

출처 : 陸學藝(2004, 183).

졌다. 사영기업주의 경우는 세대 간 이동에서 가정배경의 영향을 적게 받는 편이다. 78.1%가 농민가정 출신이며 이들은 가정배경보다는 그들 자신의 능력과 노력에 의해 사영기업주가 되었다고 보인다. 그러나 부분적으로는 당정 간부와 국유기업 경영자의 경우 국유자원과 경영상의 특권을 통해 자녀들이 사영기업주가 되는 데 크게 도움을 주었다.

전문기술직 계층의 경우 19.8%가 부친의 직업이 전문기술직이었다. 80년대 이후 취업한 전문기술자 중 24.5%가 전문기술자 가정에서 유입되었다. 80년대 이전에는 25.5%가 노동자 가정 출신이었으나 80년대 이후에는 단지 13.7%만이 노동자 가정 출신이다. 사무직은 23%가 노동자 가정에서 오지만 갈수록 노동자와 농민가정 출신의 진입비율은 낮아지고 있다. 자영업자와 서비스직은 개혁과 함께 생겨난 계층이므로 명확한 가정배경을 추적하기가 어렵다. 산업 노동자는 노동자 가정출신 비율이 높고 개혁 이후에는 농민가정이 유출지이다. 농업 노동자는 세대계승이 가장 강한 집단으로 92.8%의 농업 노동자가 농민가정 출신이다. 개혁 이래 세대 간 계층이동은 확실히 개혁 이전보다 높다. 그러나 상황은 매우 복잡하게 변모했다. 상층에 위치한 직업이나 사회계층의 개혁 이후 세대 계승이 크게 증가했다. 동시에 사회적 폐쇄현상이 증가했고 상하층의 계층이동이 어렵다는 것을 보여준다. 이를 다시 상층, 중간층, 하층으로 구분해 이들의 세내 대 이동을 살펴보았다.

상층의 계층이동

최초 직업이 당정 간부인 사람 중에서 절대다수인 59.1%가 현재에도 간부이고 일부분이 경영자나 사무직으로 계층이동을 했다. 리춘링의 경우 당정 간부의 비유동률이 80~90%에 다다를 것이라고 말한다(李春玲 2006, 11). 90년대 이래 당정 간부의 경영자와 사영기업주로의 유출비율은 상승했는데, 이는 사람들의 가치평가에서 경제자원의 중요성을 반영한다. 당정 간부로의 유입 집단은 전문기술직과 사무직으로 새로 당정 간부가 된 사람의 60%가 이 계층에서 왔다. 이제 노동자와 농민이 당정 간부가 될 기회는 매우 적다. 개혁 이전 일정 비율의 산업 노동자, 농민이 당정 간부에 진입할 수 있었던 현실이 바뀐 것이다. 당정 간부 유입 집단의 이러한 변화는 당정 간부 계층의 선발기준이 개혁 이후 학력 중시로 변화되었기 때문이다. 경영인 계층은 당정 간부에 비해 계층이동이 개방적이다. 경영자 대부분은 그 기업이나 같은 업종 기업가 중에서 선발되는데 이로 인해 기업 내 산업 노동자와 서비스직, 기업에 진입한 농민이 상승유동으로 경영자 계층이 될 기회가 적지만 있을 수 있다. 물론 경영자가 될 기회가 가장 많은 것은 기업의 사무직이다. 경영인 계층은 유출이 매우 낮은 계층으로 77.3%는 여전히 그 위치에 있고 20%만이 기타 계층으로 유동한다. 당정 간부에 비해서는 배타성이 약한 경영인 계층은 서비스직, 산업 노동자, 농업 노동자 등 비교적 낮은 사회계층이 상층사회로 진입하는 데 필요한 작은 통로역할을 한다. 사영기업주 계층은 16.9%만이 최초 직업이 사영기업 운영이고 35.7%가 다른 업무에 종사하다가 사영기업자가 되었다. 사영기업주 중 약 2/3가 이전에 블루칼라 직종에 종사했다. 9.7%는 자영업자, 11.3%는 서비스직, 11.3%는 산업 노동자, 29%는 농업 노동자이다. 단지 10%만은 전업이 화이트칼라였다. 사영기업주 대다수의 유입은 사회의 낮은 계층으로부터이고 농민이 큰 비율을 차지함을 보여준다. 이는 사영기업주가 한 계층으로 분류되지만 그 지위는 상당히 편차가 있을 수 있음을 나타낸다.

중간층의 계층이동

전문기술직 계층은 유입과 유출이 비교적 적어서 10대 계층 중 계층의 세대 내 이동률이 가장 낮다. 전문기술직으로 유입되는 계층에서 3/4의 최초 직업이 전문기술자이며 1/4이 사무직, 서비스직, 산업 노동자와 농업 노동자 계층이다. 전문기술직의 유출은 반대로 더 우세한 사회 경제적 지위를 가지고 있는 당정 간부, 경영자, 사영기업가 계층이 대상이다. 전문기술직이 정치에 참여하면 당정 간부가 되는 것이고 샤하이(下海)라고 해서 경영에 참여하면 경영자와 사영기업주가 되는 것이다. 사무직 계층은 당정 간부, 경영자, 전문기술자의 예비군이며 노동자와 농민 역시 이 계층을 통

해 상승이동을 실현하려고 한다. 50% 정도가 처음부터 이 계층이었고 40%
가 서비스직, 산업 노동자, 농민에서 유입되었다. 사무직 계층 중 10%가 당
정 간부, 경영인, 사영기업주로 유출되었고 10%는 전문기술직과 자영업자
로 유출되었으며 30%가 서비스직, 노동자, 농민 계층으로 하향했다. 사무
직은 상층과 하층을 연결하는 통로이며 동시에 완충지대(buffer zone)이지
만 하향이동의 가능성이 매우 높다. 자영업자 계층은 기본적으로 체제 내
에서 받아들이지 못하거나 체제 내에서 배출된 사람들로 구성된다. 최초의
개체호는 70년대 말과 80년대 초 귀향한 지식 청년과 노동 개조에서 풀려
난 사람들이었다. 80년대에는 일자리를 못 찾은 청년들과 농촌의 잉여 노
동력이 부분적으로 자영업자로 유입된다. 90년대에는 국유기업과 집체기
업 개혁과정에서 퇴출된 부분적 하강 직공이 어쩔 수 없이 개체호가 되기
도 하고 동시에 수많은 도시로 취업한 농민공도 이 계층에 합류한다. 자영
업자 73.3%가 90년대부터 영업을 시작했다. 80년대에는 주로 농민에서 유
입되었고 90년대에는 서비스직과 산업 노동자 계층의 유입비율이 증가했
다. 이들 중 약 15%가 하강당한 노동자다. 자영업자의 상층 이동의 기회는
매우 드물다. 사영기업주나 전문기술직 계층으로의 유출은 거의 보이지 않
고 소수만이 사무직으로 이동한다. 60% 정도가 사무직 내에서 계층이동이
없으며 40%는 낮은 계층으로 유출된다. 이들은 체제장벽의 제한을 받고 있
고 체제 내에서 이탈된 사람들을 받아들이는 중간층의 역할을 한다.

하층의 계층이동

서비스직 계층의 경우 30%가 초기부터 이 업무를 시작한 사람들이다.

50%가 산업 노동자와 농업 노동자 계층에서 유입되었다. 53.9%가 계층이동을 하지 않고 있고 25% 정도가 사무직과 자영업자로 유출되었으며 20%가 산업 노동자, 농업 노동자, 무직, 실업계층으로 유출되었다. 90년대 이래 10.4%가 실업 상황에 처해 있다. 산업 노동자 계층의 경우 대부분은 노동자, 농민 계층에서 유입되었다. 이들이 상층으로 갈 비율은 3% 정도에 불과하다. 약 20% 정도가 중간계층으로 유출되며 다수는 서비스직으로 유출된다. 산업 노동자 숫자가 감소하면 서비스직 노동자의 수가 증가하게 된다. 90년대에는 14.3%가 무직, 실업계층으로 되었다. 농업 노동자 계층은 매우 비유동적인 계층으로 91.5%의 최초 직업이 농민이다. 73.4%는 여전히 농업 노동자이고 상층으로 유출된 비율은 2%도 안 된다. 90년대 들어서는 51.9%가 다른 계층으로 유출되었는데, 16.4%가 자영업자로, 11.9%가 서비스직으로, 13%가 산업 노동자로 유출되었다. 농민은 이제 유출만 되고 유입이 안 되므로 아직은 높은 비중이기는 하지만 규모에서 점차 축소되어가고 사회 경제적 지위도 낮아지고 있다. 물론 최근 들어 29.8%가 유입되는 기현상을 보였는데, 이는 향진기업의 축소로 부분적인 향진기업 노동자들이 농업영역으로 돌아왔고 또한 동북지역의 실업 노동자들이 농촌에 와서 땅을 임대해 경작하고 있기 때문이다. 무직, 실업, 반실업 계층은 사실 계층이라기보다는 특수한 집단이다. 46.2%가 산업 노동자, 18.1%가 농업 노동자, 16%가 서비스직, 9.2%가 사무직에서 유입된다. 상층 계층에서 이 계층으로 유입되는 경우는 거의 없다. 90% 이상이 90년대 이후 직장을 잃은 사람들이다.

조사 과정에서 조사대상의 최초 직업과 현재 직업의 변화를 보면 36.6%가 직업을 바꿔 계층이동을 한 것으로 나타나는데, 그 중 24.1%는 상승이동을 했고 12.5%는 하향이동을 했다. 개혁 이후 사람들의 계층이동 기회는 확실히 증가했고 상승이동의 가능성도 높아졌다. 그러나 동시에 상황이 나빠져서 하향계층으로 이동하는 비율도 증가하고 있다. 또한 사회에서 우세한 위치에 있는 상층과 열악한 상황에 있는 하층의 계층이동은 뚜렷한 장벽을 보이며 상이한 사회계층은 상이한 유출과 유입의 이동 경로를 보여 준다. 이러한 계층이동의 상황은 중국의 계층구조와 계층의 경계선이 더욱 견고해지고 있음을 입증한다.

제6장

중국 사회 중산계층의 구성과 역할

중산계층이란?

서구에서는 20세기 1940년대 자본 소유권을 가지지는 못했으나 관리권을 가진 관리자 계층과 기술직, 사무직과 일반 행정요원 등 봉급자로 구성된 전문기술자 집단이 출현했다. 당시 서구의 새로운 산업구조와 다양한 직업배경하에서 생긴 대량의 전문기술직과 소유와 경영(관리)의 분리가 나타나면서 생긴 관리직, 사무직 집단을 신 중산계층 혹은 화이트칼라라고 불렀다. 신 중산계층은 소기업주, 작은 점포의 주인 등 소자본가로 구성된 구 중산계층과의 구별을 위해 새로운 중산계층이란 의미를 담고 있었다.[1] 신 중산계층이란 자본을 갖지 않았으면서 직접 생산에도 종사하지 않는, 정신적 노동에 종사하는 사람들을 말한다. 초기의 중산계층은 혁명성을 가지지만 수가 증가하고 이질적인 집단에 의해 구성됨에 따라 점차 보수적 성향을 가지게 된다. 이들은 지식과 기술에 의존해 비교적 안정되고 풍부한 봉급을 받으면서 중등 소득 수준을 유지하고 사상이 보수적이 되면서 급진성이 결여되고 체면 유지와 지위에 상응하는 안정된 생활을 추구하는 것을 특징으

---

1 서구에서는 자영업자가 구 중산계층을 구성하지만 중국의 경우는 국유기업에 근무하는 직공들이 중산계층과 유사한 경제, 사회적 지위를 가지고 있었다.

로 한다(米尔斯 1986). 중간계층은 사회의 주류 가치관을 인정하면서 노동자 계급과는 근본적 차이를 가진다. 그들은 비록 고용되어 있지만 노동자와는 달리 대부분 고용주와 우호적 관계를 유지하며 현존하는 체제에서 이득을 얻는 계층이다(Goldthorpe 1982). 이들을 정치적으로 보수적이고 냉담하며 노동자 계급과 같은 명확한 의식이 없는 계층이라고 부르는 이유는 중산계층을 구성하는 사람들의 물질적 이익과 사회적 지위가 상이해 공통된 정치운동을 전개할 현실적 기초가 없다고 보기 때문이다. 이러한 중산계층의 속성으로 인해 사람들은 중산계층이 사회 안정 기능의 중요한 작용을 한다고 여긴다(李友梅 2005). 그러나 중동과 아시아의 신흥국가들에서는 중산계층이 민주화를 추진하는 동력이 되었으며 단순히 권력에 순응하는 계층만은 아님을 보여주기도 했다. 중산계층이 사회적으로 어떤 기능을 할 것인지는 중산계층의 규모와 경제적 능력, 문화적 소양, 직업 안정 등의 상황과 더불어 그들이 속한 사회의 성격이 중요한 변수가 될 것이다.

중산계층에 대한 관심의 증가

서구에서는 'middle class'라고 불리는 중산계층의 용어가 중국에서는 명확한 구분 없이 중간계급, 중간계층, 중산계급, 중산계층, 중간층, 중등 소득 집단 등으로 다양하게 쓰인다. 중국에서는 왜 중간이란 용어를 사용할까? 사회주의에서 중산계층이 부르주아의 의미를 지녔기 때문에 중산이라는 용어 대신 객관적 범주의 상중하에서 중간이라는 개념을 더 널리 사용하는 것 같다. 그러나 경제적 자원을 기준으로 해서 다양한 자원의 점유를 통해 계층구조에서 중간에 위치한 집단을 범주화하는 데 중산계층의 용어가 더 적절하다. 중국 사회에서 점차 중산계층이라는 용어가 자주 쓰이며 직업으로는 새로운 업종이면서 동시에 정신적인 전문직에 종사하는 사람으로, 학력은 고학력자여서 외국어에 능하고, 새로운 전문지식과 취업능력을 가진 사람으로, 소득과 재산, 소비는 중등인 사람으로 사회의 공적 사무에 대한 일정한 전문지식과 판단력을 가지고 사회적 발언과 영향력을 행사하는 사람이라는 의미를 지닌다(陸學藝 2004, 270-271). 서구사회에서의 중산층이 가지는 의미처럼 중국 사회가 안정적이고 지속 발전이 가능한 사회가 되기 위해서는 방대한 중산층이 형성되어야 한다고 많은 학자들은 생각한다.[2] 중산계층이 중국의 사회구조에서 중요한 집단을 구성하고 있으며 중산계층의 형성이 빈부격차를 축소시키고 나아가 중국 사회의 미래에 중요한 작용을 할 거라는 기대에서 중국 중산계층에 대한 긍정적 개념을 사용하고 있다(李强 2001, 17-20). 중국 학자들은 중국이 아직은 서구 사회구조와 유사한 중산계층을 형성하지는 않았다는 전제하에 전문직과 전문기술직 집단의 등장을 유사 중간계급이라는 개념을 사용해 설명하기도 한다(李强1999; 白楊 2002, 47-52).

중국 사회 중산계층의 범주

중산계층은 일반적으로 경제적 기준에 의해 규정된다. 그러나 최근 중산계층에 대한 정의는 경제적 수준에서의 양적 지표만을 고려하지 않고 생

---

2 중국 사회과학원, 국가정보센터, 국가통계국과 각종 중국계 은행, 외국계 은행, 투자 자문회사 등에서 중국 중산층의 규모와 소비능력, 성장 전망에 대한 다양한 조사를 하는 것도 이러한 관심에서 비롯된 것이다(袁梅 2004).

활방식, 정치적 견해, 문화적 소양, 도덕의식 등의 종합적인 판단을 기초로 한다. 중국에서 중산계층을 구분하는 데 쓰이는 범주는 우선 직업이다. 10대 사회계층도 직업을 기준으로 10개의 계층을 범주화했다. 그러나 10대 사회계층을 구분하면서 중국에서 쓰이는 세 개의 중간층은 중산계층과는 거리가 있다. 세 개의 중간층에는 전문기술직, 사무직, 자영업자 계층이 포함되지만 중국의 중산계층에는 자영업자 비율이 낮다. 대신 세 개의 상층이라고 불리는 국가, 사회 관리자와 경영자, 사영기업주의 일부가 중산계층의 범주에 든다. 직업에 의한 구분은 중산계층이 화이트칼라 직업에 종사하는 사람들의 집단이라고 본다. 여기에는 방송이나 언론, 연예지 스타 등 자유 직업인도 포함된다. 중산계층을 구분하는 데 적용되는 두 번째 범주는 경제적 자원이다. 경제적 자원은 재산, 소득과 소비의 구분에 의해 중산계층을 산출한다. 물론 이에 대한 기준이 통일되어 있지 않으며 지역마다 도시와 농촌의 경우도 다른 기준이 적용된다. 재산의 경우 2002년 국가통계국 자료에 의하면 전국 도시가구의 평균 재산이 22만 8,000 위안인 것으로 나타났다. 이 중 15만 위안 이하의 가구가 34.8%, 30만 위안 이상의 가구가 16.7%였고, 중간 수준인 15~30만 위안 사이의 가구가 48.5%를 차지한다. 즉 가구당 재산 15~30만 위안인 가정을 중산계층으로 볼 수 있다(陸學藝 2002, 248-271). 소득의 경우 다양한 기준이 있는데, 국가 통계국은 한 가정의 연소득 6만 위안에서 50만 위안까지를 중산계층이라고 보았다. 상한선인 50만 위안을 기준으로 할 경우 한 가정의 식구를 세 명으로 해서 연간 1인당 소득을 17만 위안으로 잡은 것이다(國家統計局城調總隊課題組 2005). 이 기준은 국가통계국이 2004년 1인당 평균 GDP와 1인당 소득, 달러와 인민폐, 구매력 평가기준으로 환산한 것이다(中新社 2005). 다른 연구는 인구비율 중 고소득자가 15%, 중상 소득자가 27%, 중등 소득자가 38%, 중하 소득자가 10%, 저소득자가 10%의 비율이 되는 상황에서 지니계수 0.31~0.39

를 유지하면서 중등 소득자의 소득수준은 1만 4,000위안에서 1만 5,800위안 정도를 범주로 보기도 한다(紀玉山·代栓平·何翠翠 2005).

소비수준으로 중산계층을 구분하는 경우는 엥겔지수 40% 이하를 기준으로 1인당 혹은 한 가정의 소비액수를 근거로 한다(李培林·張翼 2000). 자기 주택과 자가용차를 구입할 수 있는 소비능력도 포함시킨다. 이외에 주관적 인식에 대한 조사를 통해 중산계층의 범주를 정하기도 한다. 이와 같이 중산계층을 각각의 기준으로 산출할 수도 있고 모든 기준을 다 갖춘 집단만을 중산계층이라고 볼 수도 있다. 중산계층의 범주는 이외에도 사회적 특권, 교육 정도, 가치관념, 생활방식, 계층행위 등을 통해 정할 수 있다(劉毅 2006). 중국 사회의 중산계층은 소득, 소비와 직업 등 다양한 기준을 통일해서 적용하기 어렵다. 예를 들어 수많은 중산계층의 직업을 가진 사람들이 아직 소득이나 소비에서 중산계층의 표준에 도달하지 못하고 있다. 반대로 소득에서 중산계층인 사람의 직업이 화이트칼라 직업이 아닌 경우도 있다. 중국에서 사용하는 이러한 다양한 범주는 일정한 직업을 가지면 소득과 소비가 뒤따르는 현상이 아직 중국 사회에서 보편적으로 나타나고 있지 않다는 것을 입증한다.

증국 사회 중산계층의 구성과 비중

증산계층에 대한 기준이 각각이듯 중산계층의 비중을 보는 자료도 차이가 있다. 중산계층을 중간 정도의 경제적 위치에 있는 계층으로 파악할 경우 재산이 15-30만 위안인 가정은 도시에서는 49%, 중국 전체에서는 2003년 19%로 약 2억 5,000만으로 추정할 수 있다(袁元 2004). 월 소득으로

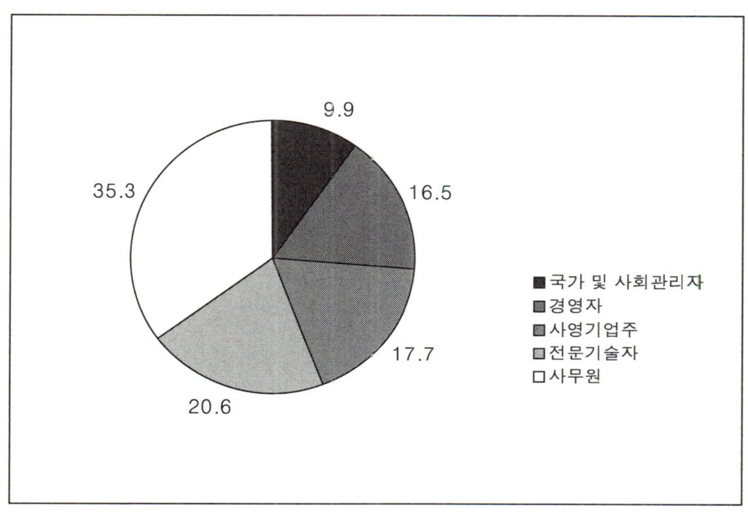

〈그림 6-1〉 중국 중산계층의 구성 비율 (종합 산출)

출처 : 李春玲(2004)과 周曉虹(2005)의 자료를 근거로 그림을 작성한 것임.

보았을 때 중산계층 인구가 24.6%에 이른다는 시각도 있다(李春玲 2004, 54-55). 소득보다 소비능력을 중시하는 자료에 의하면 중국 도시지역의 중산층은 상위 10% 내지 15%의 소득계층에 해당된다.[3] 중국 사회과학원의 통계는 중국 사회에서 직업을 범주로 한 중산계층이 전체 인구에서 차지하는 비율이 15.9%이고, 소득에서는 24.6%, 소비에서는 35.0%라는 통계를 보여주었다. 주관적으로 스스로가 중산계층이라고 여기는 비율은 46.8%에 달했다.[4] 네 가지 기준을 동시에 만족시키는 비율은 4.1%에 불과한데 결국

---

3 그런 의미에서 현재 중국의 중산층은 실제 내용에 있어서는 신흥 부유계층에 해당된다고 볼 수 있다(서석흥 2006, 71-118).

엄격한 기준을 적용할 때 중국의 중산층은 총 13억 인구 중 5,300만 명밖에 안 된다. 직업을 기준으로 한 중산계층의 구성비율을 보면 10개의 사회계층에서 이들이 차지하는 비율은 당정관료 9.9%, 기업경영자 16.5%, 사영기업주 17.7%, 전문기술직 20.6%, 사직 35.3%로 구성된다(〈그림 6-1〉 참조).

여기서 자영업자의 문제가 생기는데 그들 중 일부는 화이트칼라 직업에 종사하고 일부분은 블루칼라 직업에 종사한다. 만약 자영업자를 중산계층으로 분류할 경우 직업에서 중산계층의 비율은 27%로 증가한다. 자영업자를 중산계층으로 분류할 것인가에 대해서는 여전히 논란의 여지가 있다.

중국에서 개혁이 가장 먼저 시작된 주강 삼각주의 중산계층 비중은 다른 어떤 지역보다 높다. 1인당 GDP가 다른 지역을 상회하는 이 지역의 조사결과에 의하면 소득을 통한 비중은 48.21%, 소비를 통한 중산계층의 비중은 52.21%이고, 직업에 의한 중산계층은 50.6% 정도이다. 소득과 소비, 직업 세 가지 지표 모두에서 공통적으로 기준에 도달하는 중산계층은 23.37%에 달한다(劉君 2005: 劉毅 2006). 주강 삼각주의 중산계층 규모는 전국 그리고 다른 대도시 수준보다 무척 높다. 전체적으로 보아 중국의 중산계층의 비중은 5,000에서 2억 5,000까지 다양한 산출이 가능하다. 그러나 도시 지역 특히 발달된 도시의 경우 중산계층의 비중은 20~25% 정도를 차지한다. 주강 삼각주 지역 외에도 저장, 베이징, 상하이는 중산계층의 비중이 높은 지역이다. 베이징의 경우 19.2%. 상하이는 전체 도시 가구의 21.24%가 중산층 가구로 추정된다(李友梅 2005). 직업이 중산이면서 소득과 소비에서 중산층인 비율이 소득과 소비가 중산이면서 직업이 중산인 비율보다 낮다. 중국의 중산계층

---

4 상층, 중상층, 중층을 중산층으로 볼 경우 46.8%의 사람들이 주관적으로 자신을 중산층으로 인식했다(李春玲 2004, 58-59). 중상층, 중층, 중하층을 중산계층으로 볼 경우에는 그 숫자가 훨씬 많아지는데, 자신을 이 세 가지의 범주로 보는 사람들은 85.5%에 달한다(周曉虹 2005, 47-48).

은 직업보다는 소득과 소비 측면에서 중산계층이라고 할 수 있다. 중국 중산계층의 비중을 총괄해 보면 중국 사회의 계층구조는 여전히 저층이 넓고 중간층이 좁은 피라미드형이다. 중국의 대도시에서 나타나는 중간계층은 아직까지 그 수가 많다고 볼 수는 없으나 성장추세가 상승곡선을 그리고 있으므로 앞으로 중국 사회에서 가장 비중을 많이 차지할 것으로 예상된다.

중국 중산계층의 경제·사회적 함의

도시 주민의 전체 소비구조에서 식품, 의복, 가정 설비 및 서비스 항목의 비중은 크게 감소하고, 교통·통신, 의료·보건, 주거, 교육·문화. 오락·서비스 항목의 비중이 크게 증가하고 있다(國家發改委宏觀經濟研究院課題組 2005). 2003년과 2004년에는 주택, 자동차, 정보통신, 외식, 문화교육 등 품목의 소비 열풍이 소비시장을 점령하고 경제성장의 추동력이 되었다(嚴先薄 2005). 중산계층은 바로 이러한 도시 소비 모델의 고급화와 소비구조 전환에 주도적 역할을 한다. 도시 인구의 10%를 차지하는 중산층의 구매력이 전체 도시주민 총 구매력의 24.7%를 차지한다는 통계도 있다(中國統計年鑑 2004, 11-13). 중산계층의 출현은 자본시장의 활성화에도 영향을 미친다. 잉여자본이 생겨나면서 소비가 활성화되고 경제속도를 가속화시킨다. 또한 각종 투자 통로를 통해 자본시장을 원활히 하고 주식시장의 규모도 증대시킨다. 중산계층은 대중들이 진입하려는 선망의 대상이며 일정 규모 이상 성장하면 전체 소비를 주도하면서 경제를 활성화시키는 현상이 발생한다. 특히 중산계층의 새로운 주택 구입 열기는 부동산 투자, 주택 시장의 수요를 활성화 시키고 있다. 중산계층은 주택을 구매하는 주력군이며 주택의 질을 높이는데 적극적 작용을 한다. 또한 이들의 거주환경 개선에 대한 요구는 도시공간을 재구성하고 있으며 주거지역에 거주하는 사람들의 이익 보호를 위한 공동행위를 조직해 낸다.

결국 중산계층의 소득과 소비에서의 주도적인 현상은 그들로 하여금 자신들의 재산을 보호하기 위한 방법을 모색하는 데에도 적극성을 띠게 한다(Tomba 2004). 중산계층의 소득 증가와 소비의 고도화는 결국 개혁개방의 혜택을 받은 것이며 개혁과 시장화가 진행될수록 중산계층의 이익은 더 증가할 가능성이 많아진다. 이러한 경제적 이유가 중산계층이 현 체제를 옹호하고 갈등을 완화하면서 사회적인 안정을 주도할 것이라는 예상을 갖게 한다(李強 2001, 17-20). 중산계층의 사회적 기능이 사회안정이라는 시각은 또한 중산계층이 사회의 상층과 하층을 매개하는 완충의 역할을 할 것이며, 사회이익이 충돌할 경우 이를 해결하고 중재할 기능을 중산계층이 수행할 것으로 보기 때문이다. 중국의 중산계층 비율이 아직 높지 않지만 이들은 전국적으로 모든 지역과 영역에 고루 분산되어 있는 것이 아니고 대도시나 특정 업종에 집중되어 있다. 그래서 이들이 아직은 규모가 작으나 잠재력을 가진 집단이며 전국적 매체를 통제할 가능성이 있고 문화의 조류를 선도하며 그들의 가치관을 전파할 능력을 가지게 된다. 중산계층의 상승에 따라 시장화, 도시화가 점점 심화될 것이며 그들의 문화가 사회의 주류문화가 될 여지가 많아진다(김동하 2004, 309-324: 서석흥 2006, 71-118). 후진타오 정부가 추구하는 중산층 육성전략이나 조화로운 사회건설은 분배제도 개혁을 통해 중간 관리자 계층과 기술직에 종사하는 사람들의 수입을 제고하고 균형적 발전을 통해 중산계층을 증가시키고자 하는 것이다. 중산계층의 등장과 이에 대한 중국 정부의 확대정책은 정치적 성향은 다르나 경제적 자유로움의 향유추구라는 공통의 이익목표를 가진 거대한 사회계층을 형성하게 될 것이다.

중국 중산계층의 정치적 역할의 가능성

중국에서 중산계층은 전문직이나 사무직의 화이트칼라가 수적으로 많지만 국가와 사회 관리자, 경영자, 사영기업주의 비중도 크다. 중산계층의 정치적 역할을 논의하는데 계층연구는 다른 직업보다 사영기업주의 역할에 주목하고 있다. 이는 중산계층 중 자본소유의 측면에서 사영기업주의 경제적 권력이 정치적 진입에 대한 요구나 시도를 강하게 할 기본적 전제를 갖고 있기 때문이다. 중국 경제에서 사적 경제가 차지하는 비중은 이미 GDP의 50%를 넘어선 지 오래며 동부 연안 대부분 지역에서는 각 성이나 도시 GDP의 60%까지 넘어서고 있다. 전체 사적 재산은 11조 위안을 초과해 GDP의 30%를 넘어선다. 2002년 달 기준으로 사영기업가는 243만 명에 달하며, 18.8%의 사영기업가가 1,000만 위안 이상의 자산을 가진 것으로 나타난다(Beijing Review 2003; 張厚義 2006, 304-318). 중국에 상대적으로 큰 규모의 사영기업이 탄생했다는 것을 의미한다. 이러한 사영경제의 등장에 따라 이들의 사회적 지위도 높아지고 있으며 사영기업주들이 정치로 진입할 경우 정치권력과 경제권력의 합병이 예고된다(康曉光 2000). 사영기업가의 입당이 합법적으로 인정되었으며 인민대표대회(이상 인대)에 진입한 기업가의 비율도 증가하고 있다(中華全國工商業聯合會等 2000, 368). 사영기업주 가운에 76.5%의 사람들이 강한 정치욕구를 가지고 있고 국가 기구에 들어갈 수 있기를 희망한다. 실제 정치에 활동적으로 참여하는 사영기업주는 전체 사영기업주의 10% 정도로 나타난다(董銘 2002, 284-287). 정치에 참여하려는 사영기업가들은 자신들이 사적 영역의 제안과 목소리를 들어 전달하고 이러한 견해를 국가의 의지로 전환하는 것이 필요하다고 믿는다. 이를 통해 기업의 지명도와 이익을 보호하고 필요한 권력관계를 만들어 기업이 자금이나 정보를 얻는 데서 혜택을 받길 원한다.

사영기업주의 당원비율은 1993년 13.3%에서, 2000년 19.8%, 2002년 31.2%로 상승했고, 아직도 다수의 사영기업주들이 입당을 희망하고 있다 (戴建中 2004, 335). 특히 인대대표가 될 경우 사영기업가들은 경제와 관련된 국가정책에 그들의 영향력을 발휘할 수 있다. 정치적 지위를 가짐으로써 제도적 채널을 통해 그들은 정책결정 과정에 그들의 이익을 반영하려고 한다. 2004년 3월에 통과된 사적 재산권 보호의 헌법 보장이 바로 이에 해당된다(China Daily 2004). 인대대표는 1997년 9.6%에서 2002년 17.4%로 증가했고, 정협위원은 1997년 23.5%에서 2002년 35.0%로 증가했다. 숫자만 증가한 것이 아니라 정치적 지위인 급별도 상승하는 추세여서 5단계 급별에서 이전에는 현(시)급 대표가 가장 많은 비중을 차지했으나 점차 지구(시)급 대표에서의 사영기업주 참여 비율이 상승하고 있다(〈표 6-1〉 참조).

2003년 3월 10기 전인대 2,985 대표 중 55명, 10기 정협 2,238명 대표 중 65명이 사영기업가였다(South China Morning Post 2003, 3, 3; Kim Jae Cheol 2005, 119). 촌주임이나 도시의 주민위에 사영기업가가 선출되는 사례도 사영기업주의 정치적 참여에 대한 적극성을 보여준다(張厚義 2006, 319). 중간이나 대규모 기업을 운영하는 사영기업가일수록 정치참여에 대한 욕구가 더하다. 사영기업가를 포함한 중국의 중산계층은 권력에 저항하기보다는 국가와 협력적인 관계를 통해 그들의 이익을 도모하고자 한다.[5]

---

[5] 중국 경제에서 사적 영역의 성장과 함께 사영기업가의 영향력은 점점 더 강해질 것이다. 이에 따라 이들의 정치참여의 방식도 서서히 변화할 거라는 전망이 가능하다. 사영기업가들은 공식적인 정치제도에 직접 참여하는 대신에 기업가 단체와 같이 좀 더 간접적으로 그들의 이익을 추구하는 방식을 선택할 것이다. 이렇게 되면 사영기업주의 정치참여에 대한 관심은 줄어들 것이고 사영기업가를 다른 많은 국가들의 사영기업가와 구분짓는 특성 또한 줄어들 것으로 보는 견해가 있다(Kim Jae Cheol 2005, 113-143)

분류	1997		2000		2002	
	인대	정협	인대	정협	인대	정협
향진급	30.5	6.5	17.6	2.1	23.8	1.0
현(시)급	35.5	57.0	44.1	63.4	33.1	61.4
지구(시)급	27.4	28.1	30.0	29.1	38.5	32.7
성(시)급	6.6	7.3	7.5	5.1	4.2	4.6
전 국	0	1.1	0.8	0.3	0.4	0.2
합 계	100.0	100.0	100.0	100.0	100.0	100.0
대상 수(명)	187	458	510	1075	565	1143
대상에서의 점유 비율	9.6	23.5	16.6	35.0	17.4	35.0

출처 : 陸學藝(2004, 264), 戴建中(2004, 334).

중국 중산계층이 갖는 한계와 돌파구

중국의 중산계층이 강한 정치적 경향을 갖는다 하더라도 실제적인 정치참여에 제한적이며 적극적이지 못하다. 중국의 급격한 개혁과정으로 인해 중산계층은 공통된 경험과 지적 축적을 갖지 못했고, 중산계층 내부의 행위규범, 공공지식과 사회에 대한 책임감이 형성되어 있지 않다. 아직까지 중국의 중산계층은 일치된 이익을 기반으로 한 집단적 정체성과 일체감을 만들어내지 못하고 있다(何淸漣 2006). 사영기업주만이 일정 정도 정치에 참여하는 통로가 있을 뿐 중산계층의 주력인 화이트칼라는 자신들과 관련된 경제정책에 대한 조정, 공공정책이나 매체에 대해 자신의 이익을 표출할 수단이 없다. 화이트칼라가 공공정책의 결정과 제정과정에 영향력을 가지려면 전제가 필요하다. 제도화된 형식으로 화이트칼라들이 공공정책 결정에 참여할 수 있는 통로가 보장되어야 한다. 화이트칼라와 현재 국가

<표 6-2> 중산계층 사회단체 참가비율

		참여한다	참여 안 한다	합 계
중산계층	명 수	38	121	159
	점유율(%)	23.9	76.1	100.0
비(非)중산계층	명 수	204	1,044	1,248
	점유율(%)	16.3	83.7	100.0

출처 : 周曉虹(2005, 311).

체제 사이에는 이러한 통로가 없으며 화이트칼라가 그들의 권리를 행사할 기회가 차단되어 있다(李友梅 2005). 중산계층이 가진 이러한 한계는 화이트칼라에게서만 보이는 것이 아니라 일부 정치에 관여하는 중산계층의 국가권력이나 관료집단 간의 상호의존적 관계와 보수성에서도 나타난다. 시민사회를 다룬 연구에서도 사영 영역의 성장이 국가로부터 자율성을 추구하기브다는 의존하려 하기 때문에 정치적 변화를 이끌기 힘들다고 말한다(Dickson 2003; Li 2003, 87-100).

그러나 모든 중산계층이 이러한 성향을 갖는 것은 아니다. 근래 들어 중산계층의 유권운동이나 소송, 제3부문인 사회단체나 NGO의 역할이 강화되고 있으며 중산계층의 이익표출, 집단행동에 대한 연구도 많아지고 있다(Chen & Lu 2006, 1-20). 다음의 표는 중산계층이 중산계층이 아닌 사람들보다 사회단체에 참여하는 비율이 높음을 보여준다(<표 6-2> 참조).

사영기업주 이외에 중국의 중산계층의 정치적 역할 가능성에 있어 관심의 대상이 되는 것은 도시 중산계층이 동일한 거주지역에 살면서 주택 물권 분규에서 조직적인 운동을 하는 것이다. 화이트칼라 직업에 종사하는 도시 중산계층은 높은 고등교육을 받았고 국내외의 정보를 선택할 기회와

수단이 많으며 공민으로서의 권리의식이 명확한 계층이라고 할 수 있다. 비교적 생활조건이 좋은 주택단지에 거주하는 사람들은 법관, 변호사, 의사, 학자, 과학자, 경영자 등 고급인력들이다. 중산계층의 소송행위와 사회동원은 도시정부에 정치적인 압력을 만들어 내며 여기서 적극적인 저항을 하는 것은 외자기업이나 사영기업의 젊은 화이트칼라들이다. 사영기업주가 정부권력을 이용하려는 의도에서 정부에 협조적인 데 비해 화이트칼라들은 사영기업주보다는 그들의 이익을 선택한다. 결국 중산계층 가운데서도 정부권력에 대한 의존 정도가 그들의 정치행위의 경향을 결정하는 중요 요소가 된다(陳映芳 2006).

중국 중산계층의 조직 : 주택 소유자 업주 위원회 사례

중국 중산계층은 직업, 소득, 정치적 입장, 문화적 소양을 통해서 보이는 것 이외에 분리된 거주공간에 모여 살면서 도시 사회에서 새로운 주목을 받고 있다. 이는 중국이 도시화 건설과 새로운 행정조직을 재조직하면서 만들어 내는 사구라는 거주공간 중 중산계층 사구에서 나타난다(Liu and Niu 2003, 4-20; An 2002, 410-11). 사구는 도시 기층에서의 국가-사회관계를 보여주는 공간이며 개혁 이후 도시 기층에서의 권력구조가 어떠한 변화를 보이고 있는지를 읽어낼 수 있는 중요한 대상이다. 중산계층 거주 사구에 등장하는 다양한 조직과 이 조직들이 보여주는 행위양식은 기존에 논의되던 시민사회를 지역공간에서의 공공영역을 통해 새롭게 바라보게 하며 중국 도시 기층 자율성의 새로운 가능성을 엿보게 한다(張靜 2002; 夏建中 2003a; 夏建中 2003b).

중산계층 사구에서 나타나는 새로운 조직은 주택 소유자들인 업주들로 구성된 업주위원회(이상 업주위)이다. 업주란 개체공상에 종사한다는 의미로 쓰였으나 이제는 주택을 소유한 시민으로 바뀌었다. 업주위는 업주들의 주택과 거주공간이라는 합법적 이익과 권리를 보호하는 대중적 자치조직이라고 할 수 있다. 업주위가 사구자치의 중요한 조직으로 주목받는 것은 우선, 주택 사유화 이후 도시 주민의 주택구입 비율이 증가하면서 재산을 가진 업주들이 증가한 것과 업주들의 속성에 원인이 있다. 최근 실시된 제5차 전국 인구조사 결과에 의하면 주택구입 비율이 45.2%의 점유율을 나타낸다(中國信息報 2002/11/18). 1998년 주택 사유화 개혁 이후 공공주택 거주자는 76.6%에서 2000년 53.2%로 줄어든 대신, 2003년에는 대도시 세대의 70%가 그들의 집을 소유한 것으로 나타났다(『南方周末』2003/05/29). 주택정책이 변화되면서 보조금이나 대부에 의해 주택을 소유한 사람들이 대폭 늘어났고 주택의 소유는 중국 도시민에게 새로운 경험을 안겨주었다. 대부에 의존해 주택을 소유한 중산계층에게는 주택이 가장 중요한 재산이며 그들의 최대의 지출이고 주택재산 소유로 인해 새로운 신분을 갖게 되었다. 그러나 주택 수요자는 많고 공급은 적으므로 부동산 개발상(開發商, 건설회사)이 점차 유리한 위치에 서게 되어 불평등한 매매관계가 만들어지며, 더불어 주택가격의 지속적 성장은 중산계층 업주들의 채무비율을 점점 높게 한다. 이렇게 어렵게 쟁취한 주택을 지켜내기 위해 업주들은 집단적 필요성에 의해 조직을 만들게 된다. 또한 주택이 거주공간으로서만이 아닌 투자 대상으로서도 좋은 조건을 가지게 되면서 주택 소유와 주택 상품화는 도시 거주지역의 자율적 결정의 기회를 증가시켰다.[6]

---

6 부동산 투자가 월급보다도 높은 재산 소득원이 되면서 주택 소유자들의 조직 형성과 집단행동을 가속화한 일면이 있지만 또 한편으로는 주택 소유로 인해 도시에서 양극화가 극심해지는 현상을 보인다(Hu and Kaplan 2001).

주택 소유자들은 자신들의 이익이 침해되었을 때 경제적 지위나 법적 절차 등 다양한 수단을 통해 국가의 부당한 조치에 저항한다. 업주들은 또한 다양한 방식이나 매체를 통해 사회의 주목을 이끌어 내고 있다. 업주들은 경제적 자원을 가지고 있기 때문에 정부나 당에 의존하지 않으며 다양하고 장기적인 저항을 할 수 있다. 변호사를 고용하거나 법적 소송을 벌이는 것도 이것이 가능하기 때문이다. 몇몇 업주들은 그들의 부를 정치적 영향력으로 바꿀 수 있다. 업주위가 다른 조직에 비해 비교적 많은 자원을 가진 상황에서 조직의 기능이 비교적 쉽게 발현될 수 있다.

업주위의 등장으로 인해 기존의 제도에 도전하는 여러 가지 현상이 실제 발생하고 있으며 중산계층 거주지역에서 집단행동을 통한 정치적 목소리가 생겨나게 되었다. 수많은 업주들이 선거, 담판, 협상, 집단행동을 통해 참여라는 경험을 하게 되었고 이것이 기층사회의 정치적 역량을 키우는 기초가 되고 있다(Read 2003; 鄒樹彬 2005). 물론 업주들이 추구하는 것이 정치적 목적이 아니라 건설회사 및 물업공사와의 이익분쟁일 수 있으며 설령 개별 업주들이 정치적 경로를 통해 법률 제정에 일정 정도 영향을 미친다 해도 협의의 업주이익을 넘어서서 공공정치 영역으로 진입할 지에 의문을 던질 수 있다(肖俊·宋慧賢 2005). 업주들이 고려하는 것은 일차적으로 그들의 사적 이익이며 그들이 공공성이나 사구 서비스의 개념을 가진다 해도 최종적으로는 자신의 이익을 보호하려는 것이기 때문이다. 그럼에도 업주들이 재산권과 지식을 가진 엘리트들이며 이들이 가진 정보와 자산을 활용할 능력을 가졌다는 측면에서, 그리고 계속되는 집단행동을 통해 참정능력을 배양한다는 측면에서 업주위는 중산계층으로 이루어진 중요한 조직이라고 할 수 있다.

중국 중산계층의 유권행동 : 업주들의 유권행동 사례

새롭게 부상하는 부유한 사회조직이라고 할 수 있는 중산계층 업주들은 모든 가능한 수단을 통해 그들의 이익을 보호하려는 강한 동기를 가지고 있다. 개인의 저항이 비효율적이기 때문에 업주의 성공은 그들의 집단적 행위의 힘에 크게 의존한다. 최근 유권운동으로 불리는 업주들의 행위는 대도시에서 점차 확산되고 있으며 시민의 사유재산권 확장과 자율적 역량의 성장이라는 측면에서 동시에 관심을 끌고 있다(張磊 2005).

업주들의 유권운동이 일어나는 원인은 이들이 중산계층으로서 교육받은 엘리트로 구성된 경우가 많아서 권리의식을 가지고 있는 데 반해, 그들의 사유재산을 규정하고 보호할 재산권 보호기제나 법률제도가 미비해서 손해를 입는 경우가 빈번하게 나타나기 때문이다. 이러한 문제 해결경로의 부재는 업주들로 하여금 직접적인 행동을 하게 만든다(陳幽泓·劉洪霞 2003). 또한 업주들이 주거지역에서 충돌하는 국가의 대리인은 물업공사라고 할 수 있는데, 이들은 관리비용을 너무 높게 책정하면서도 질 나쁜 서비스를 제공하거나, 업주를 관리의 대상으로만 여겨 업주들의 권익을 침해하는 경우가 자주 생긴다. 정부는 이럴 경우 업주의 입장보다는 물업 공사의 편을 드는 공정하지 못한 태도를 보이곤 한다.[7] 이러한 원인에 의해 발생하는 업주들의 유권운동은 대략 세 가지 방식으로 나타난다. 행정이나 법률에 호소하는 것, 여러 가지 자원을 사용하는 것, 집단행동을 하는 것 등이다. 업주들의 유권운동 사례는 베이징과 광저우, 선전 사구에서 주로 보인다.

---

7 업주 907명을 대상으로 인터넷에서 설문조사한 것에 의하면 58%가 지도자로 나서지는 않겠지만 이익이 침해되었을 때 집단행동에 참여한다고 했고, 21%가 지도적 위치에 나서겠다고 했으며, 19%는 다수에 따르겠다는 응답을, 단지 2% 미만만이 참여할 생각이 없다고 답했다(Cai 2004, 793).

첫째, 법률과 행정수단의 활용이란 업주들이 자신들의 이익이 불법적인 침해를 당했을 경우, 정부를 집단 고소하거나 변호사의 도움을 받는 것이다. 한 자료에 따르면 베이징 차오양(朝陽)구의 지방법원에서 2001년에 2,000건이 넘는 주택 관련 다툼이 발생한 것으로 나타난다. 이는 2000년보다 57%가 증가한 것으로 하루 평균 7.6건이 된다(Tomba 2005, 935). 또한 국가기관에 항의방문이나 투서(信訪)를 하는 경우도 있는데, 이는 자신들의 권리를 침해하는 사구 내 기관에 대해 권위를 가진 지방정부를 통해 압박을 가하고자 하는 의도이다(Cai 2004, 793). 베이징 주거지역의 유권운동 사례를 보면 사구에 거주자들과 사전에 상의하지 않은 건설작업이 진행되면서 이를 반대하는 업주들이 외국기업이나 사영기업에서 일하는 사람들로 권리보호 집단을 구성해서 변호사를 고용한 것을 알 수 있다. 이를 위해 업주들은 600위안(75달러)씩 모금했고 가도법원에 고소했다. 물론 이 사례는 몇 달간 재판이 연기되면서 즉각적인 효과를 보지는 못했으나 이것이 영향력을 행사하여 당서기, 시장, 정부 지도자들이 사구의 건설지역을 방문하게 된다. 그들은 도시건설부, 건설관료, 건설회사가 업주들과의 충돌에 대해 협의하도록 요구했고 시장은 지역개발 계획과 건설에 좀 더 투명함이 필요하며 정부 관료들이 법에 맞는 행동을 했어야 했다고 사과했다(Cai 2005, 779). 2003년에는 차오양구 뤄마(羅馬)화원 사구의 업주들이 법정에 국토주택관리국(國土房管局)을 고소하기도 했으며, 사구의 녹지에 추가건설을 진행하려는 건설회사에 항의해 후이룽관(回龍觀) 사구에서는 수천 명의 업주들이 업주권리유지소조를 만들고 사무실도 개설해 정부에 대항하는 장기전을 펼치기도 했다(鄒樹彬 2005, 3). 2004년 선전의 경우는 20여 개 사구에서 온 업주위 대표들이 지방과 국가법규의 적용문제를 둘러싸고 토론회를 벌이면서 업주들의 권리를 보호할 법의 제정을 호소할 업주연합회를 만들기에 이르렀고 시 인대는 이것에 대한 청문회를 거행하기도 했다.[8]

둘째, 사구 유권운동에서 자원의 사용이란 업주들이 인터넷과 매체를 이용해 행동하는 것을 말한다. 베이징의 사례를 통해 보면 2002년 업주들은 인터넷 포럼(forum)을 통해 주민들의 의견을 모으고 토론을 벌임으로써 수많은 업주들의 참여를 이끌어 냈다. 베이징 사구지역의 경우 고속의 인터넷 네트워크가 형성되어 있는데, 적어도 270개의 상이한 단독 집단포럼이 사이나닷컴(sina.com)에 있고 25개는 꽤 인기가 있다고 한다. 이 중에서 한 사이트는 부동산과 관련된 충돌에 대한 집단토론에 할애하고 있다(Tomba 2005, 947). 그들은 또한 시위를 하는 경우 매체 대표들과 외국신문기자의 참여를 유도하기도 한다. 선전 유권운동 사례의 경우 전예징저우다샤(振業景洲大厦) 사구는 홈페이지를 만들어 의견을 모음으로써 백 여 가구가 개발상으로부터 배상금 1,000만 위안을 받아내기도 했다(鄒樹彬 2005, 4).

셋째, 유권운동의 조직적인 집단행동이란 정좌나 거리시위, 교통방해, 점거 등의 수단을 통한 것이다. 2000년대 이래로 업주들의 집단행동은 중국의 대도시들에서 종종 발생하고 있다(Dolven 2003, 35-37). 이제까지 정부는 농민과 노동자 시위, 파룬궁 시위 등에 대처해 왔다면 여기에 업주들의 재산권 보호 시위가 추가되었다고 할 수 있다.[9] 2003년 7월의 베이징의 한 사구에서는 48대 자동차가 500미터씩 늘어서서 시위를 벌인 사건이 일어났는데, 200명이 넘는 업주들이 모여서 몇 시간에 걸친 회의 끝에 하얀 티셔츠에 '업주 권리보호'라는 글귀를 새겨 넣고 집단항의를 벌인 것이다(盧嶸 2003). 2002년 12월 광저우에서는 업주들이 3만 위안(3,700달러)을 모금해

---

8 선전시 난산(南山)구 인대대표 업무부서의 아오지안난(敖建南)과의 인터뷰(2005년 12월, 선전).
9 최근 한 연구는 중국 사회에서 발생하는 각종 시위와 충돌의 증가추세를 비교적 잘 보여주고 있다(Tanner 2004, 137-156)

자금을 마련한 후 거주지역에 허가 없이 건설을 진행한 건설공사와 정부에 항의해 건설 중인 장소에 캠프를 쳤다. 이틀 후 경찰과 관료들이 와서 캠프를 제거하고 이 자리에 있던 업주들은 경찰들에 의해 끌려 나왔다. 2003년 1월 4일에는 격렬한 대치가 일어나 두 명의 업주가 다치기도 했는데, 1월 6일에는 6,000장의 전단이 뿌려지고 1,000명의 거주자가 집단항의에 참가하게 된다. 이것은 광저우의 리장(麗江) 가든 사례로 첸셴(前現) 물업공사 두 회사와, 진정부, 업주 사이에 일어난 사건이다. 업주 대부분은 화이트칼라이고 55%가 기업 관리자이다. 리장 사구에 2002년 겨울부터 건설 공사가 시작되면서 분규가 일어나게 되었고 업주 100명 이상이 참여해서 지속적인 운동을 벌여 나갔다(盧嶸 2003).

베이징의 왕징(望京) 지역 팡저우위안(方舟苑) 사구에서는 2003년 7월 2곳의 물업공사와 정부관료, 업주위 간의 갈등으로 인해 200명 업주들이 개발상들의 임의적인 사구 규획에 항의해 길을 막고 집단행위를 벌였다. 9월에는 후이룽관 사구에서도 수천 명이 넘는 거주자가 200명의 도시 관리요원과 경찰들에 둘러싸였고 동시에 업주들의 20대의 차가 100여 대의 경찰차에 포위된 사건이 발생했다. 이러한 집단행동은 마찬가지로 건설회사가 건설계획을 변경해 불법으로 건설을 진행했기 때문에 야기되었다(新聞週刊 2003/09/25). 베이징, 광저우, 선전 이외에도 상하이, 시안 등의 주거 지역에서 사유재산 침범 말라, 대중이익은 작은 일이 아니다 등의 선전물을 걸고 집단행동을 하는 중산계층의 사례들이 나타났다. 이러한 집단행동은 정부로 하여금 자체 조사를 벌이게 했으며 지역신문의 보도로 전 중국인의 관심을 끌었다.

중산계층이 모여 사는 도시의 사구는 개별적 이익이 집중된 곳이며 거주공간의 기능을 가짐으로서 공공이익의 집중지가 될 수 있다. 주거지역에 사는 중산계층이 보여주는 권리와 이익을 보호하기 위한 유권운동은 시민들의 활동공간이 확대되고 참여의 기회가 제공되고 있다는 것을 보여준다.
결국 자신들의 재산을 보호하고 거주공간을 확보하려는 행위가 주거 지역
의 기층권력에 변화를 주면서 새로운 공공공간을 만들어 냈다고 할 수 있
으며 이는 분산되고 무관심한 중산계층 거주자들을 조직해 그들의 공통된
이익을 지켜내는 데 집단적으로 참여토록 한 것이라고 볼 수 있다.

제7장

중국 사회의 계층격차와 불평등, 빈곤의 문제

계층격차와 중국 사회

계층화는 한 사회를 개방적이고 다양하게 만든다는 장점이 있지만 계층을 서열화하고 양극화(양극분화)를 초래하기도 한다. 계층의 양극화는 계층이 분화되는 과정에서 상층과 하층이 두터워지고 어떤 기준에 의해서든 계층이 등급화하는 것을 말한다. 이럴 경우 상층은 부유계층(부유층)이 되며 하층은 빈곤계층(빈곤층)이 된다. 계층의 구성원들이 경제적 브의 축적과 사회적 지위의 획득 여부에 따라 이러한 빈부계층을 형성함으로서 결국 이는 빈부격차의 또 한 구성요소가 된다. 이제까지 중국에서의 빈부격차의 문제는 주로 지역격차나 도농격차의 범주 속에서 다루어져 왔다. 빈부격차란 사실상 명확한 개념 설정을 가지고 있지 않다. 경제학에서는 소득격차라는 전문용어를 쓰고 있는데, 빈부격차를 소득격차로 대체하기에는 빈부격차에 담긴 여러 가지 함의를 단순화할 우려가 있다. 소득격차가 경제적 통계수치로 비교 임금, 노동, 자본요소의 분배차별에 대한 영향을 다룬다면 빈부격차는 정부행위, 법률, 사회보장, 교육 등의 영향도 동시에 고찰해야 한다. 또한 지역이나 도시와 농촌이 공간적으로 떨어져 있는 것과 달리 계층에 따른 빈부격차는 한 공간에서 일어난다.

계층화와 빈부격차에 주목하는 이유는 한 사회의 통합을 이루어내는 데 지역격차나 도농격차처럼 계층격차도 중요하며 이것이 심화할 경우 사회통합(Social Integration)의 위기를 가져올 수 있어서다. 사회통합이란 사회 내의 상이한 요인, 부분을 결합해 통일되고 협조적인 전체를 만드는 과정과 결과를 말한다. 사회 구성원들에게 제어작용을 하는 문화, 제도, 가치관념, 규범을 통해 사회체계 내 다양한 부분이 협조관계를 갖고 그 사회를 균형상태에 이르게 한다. 빈부계층은 시장의 원리에 의해 이익의 재분배를 요구하는 집단적 목소리를 내게 되며 이는 다양한 계층의 균형을 모색하는 데 어려움을 만들어 낸다. 중국의 계층분화는 어느 사회보다 급격하게 전개되었다. 계층화 과정에서 보이는 양극분화는 중국 사회 발전에 많은 우려를 안겨준다. 중국 계층격차에 대한 논의에서 사람들이 주목하는 것은 어떠한 계층들이 빈부계층을 구성하고 있으며 이와 같이 계층이 양극으로 분화한 요인이 무엇인지에 대해서이다. 또한 빈부계층의 격차 현황이 어느 정도인지를 규명함으로써 이것이 사회통합에 어느 정도의 영향을 미치는지에 대한 단서를 제공할 수 있다.

시장의 도입은 한 사회에 기회도 가져다주지만 효율과 경쟁의 논리에 의거해 자원획득 여부에 따라 빈부계층을 만들어 내며 이들의 격차를 벌어지게 만든다. 다른 시장경제 국가와 달리 공산당이 집권하는 사회주의 중국에서 계층의 양극화와 빈부격차가 지니는 함의는 다를 수밖에 없다. 일부가 능력에 의해 먼저 부자가 되는 것은 어느 정도 용인할 수 있지만 개혁이 불평등을 조장하게 되고 점차 평등한 사회로부터 후퇴하는 것은 중국 사회에 통용되는 가치와 규범을 무너뜨리게 한다. 중국인들은 장기적으로 평균주의 분배에 익숙해져 왔고 역사, 문화적으로도 불균등을 우려하는 관념이 남아 있다. 물론 이제 평균주의는 퇴색했지만 평균이 아닌 평등한 사회로의 구현이 가지는 기대는 여전히 남아 있다. 물론 빈부계층의 격차가 심각함에도 불구하고 이것이 직접적으로 사회적 위기를 가져오는가에 대한 직접적 원인규명은 쉽지 않아 보인다. 그러나 사회통합이 상이한 요인, 부분을 결합해 통일되고 협조적인 전체를 만드는 과정이라고 할 때 빈부계층의 격차와 이익 상충은 사회통합에 도전이 되는 중요한 요인일 것이다.

계층화와 빈부계층의 구성

앞에서도 말한 바와 같이 노동자, 농민 계층과 지식인, 관료라는 계층으로 구분되던 중국 사회의 계층구조는 새로운 계층의 출현과 더불어 다양한 분화형태를 나타내고 있다. 이러한 분화 속에서 과연 어떠한 계층들이 빈부계층을 구성하고 있을까? 부유계층은 개혁과정에서 가장 많은 이익을 획득한 고위간부, 민영 기업가와 경영인 그리고 연예인과 기업 관리자 계층 등이다. 그리고 상대적으로 손해를 본 노동자 계층과 실업자, 사회 하층 집단인 빈곤지역 인구와 극빈자, 농민공, 농민 등이 빈곤계층을 형성한다 (李强 2000; Lin & Bian 1991, 657-668). 계층격차에 대한 기준을 세우고 이를 점수로 환산한 자료를 보면 소득을 기준으로 구분했을 경우 54점 이상을 얻은 고소득 집단 즉 단위책임자, 문예종사자, 고급 전문기술 인력과 국가권력부문 종사자 그리고 상업무역 종사자 등의 계층이 부유계층을 형성한다. 36점 이하를 얻은 저소득 집단인 일반 노동자, 농민, 서비스직 종사자 계층은 빈곤계층이다. 권력을 기준으로 분류했을 경우에는 60점 이상을 얻어 권력이 가장 큰 단위 책임자와 국가권력부문 종사자가 부유계층을 구성한다. 20점 이하를 얻어 권력이 가장 작은 집단은 농민, 미숙련 노동자, 서비스직 종사자 등으로 이들이 빈곤계층이다. 사회적 명망을 기준으로 하면 72점 이상을 얻어 명망이 제일 높은 집단 즉 고급 전문기술자, 단위책임자 집단이 부유계층이고 18점 이하로 점수가 최저인 빈곤계층은 농민과 서비스직 종사자들이다(仇立平 2001, 18-33).

새로운 계층의 주도적 위치를 차지하는 사영기업주는 대부분 자원과 소득의 불평등한 분배를 기준으로 해서 구분되는 계층구조에서 부유계층을 형성하고 있다. 이외에 국가의 최고기관에서 일하는 관리자와 경영자, 전문기술을 가진 계층들이 재산과 권력을 함께 가진 부유계층이다. 반대로 빈곤계층을 구성하는 대부분은 개혁 이전 중국 사회의 주도적 세력이었던 노동자와 농민이며 이들 계층에서 파생되어 나온 서비스업 종사자들이다. 결국 빈곤계층은 권력도 없고 재산도 없는 개혁과정에서의 피해자들이다.

빈부계층 형성과 격차의 요인

계층분화 과정에서 빈부격차가 벌어지는 원인은 우선 전체 국민의 소득분배에서 노동보수 분배의 비중이 적음으로 인해 대량의 재산이 노동 이외의 형식을 통해 축적되는 데 있다. 예를 들어 2002년 중국 GDP(10조 위안)를 가지고 산출해 봤을 때 이는 네 가지 요소로 구성된다. 그 하나가 도시주민이 1년간 벌어들인 소득으로 2002년 전국 도시주민의 일인당 소득이 7,500위안이므로 도시 인구를 4억 8,000만 명(2001년 숫자)으로 추산할 때, 이는 3조 6,000억 위안이고 한 해 GDP의 36%이다. 즉 GDP 산출의 네 가지 요소(농민의 소득과 국가의 재정소득, 기업의 이윤이 나머지 세 가지 요소임) 중 도시주민 소득이 가장 크다고 볼 수 있다. 그러나 2002년 한 해 노동임금 총액은 약 1조 2,000억 위안 정도로 GDP의 12%이고 도시주민 소득의 33%만을 차지한다. 도시에서 2조 4,000억 위안(도시주민 전 소득의

<table>
<tr><td rowspan="2">소 득 원</td><td colspan="2">소득 비중</td><td colspan="2">지니계수에 대한 기여도</td></tr>
<tr><td>1995</td><td>2002</td><td>1995</td><td>2002</td></tr>
<tr><td>임금 소득</td><td>61.30</td><td>59.54</td><td>45.6</td><td>59.0</td></tr>
<tr><td>퇴직자 소득</td><td>11.69</td><td>14.78</td><td>11.1</td><td>14.3</td></tr>
<tr><td>개체경영기업 소득</td><td>0.53</td><td>2.74</td><td>0.1</td><td>0.3</td></tr>
<tr><td>자가 주택의 임대가치</td><td>11.39</td><td>17.65</td><td>21.9</td><td>21.0</td></tr>
<tr><td>재산 소득</td><td>1.27</td><td>0.55</td><td>1.9</td><td>0.8</td></tr>
<tr><td>주택 보조금</td><td>9.74</td><td>1.87</td><td>15.1</td><td>1.9</td></tr>
<tr><td>기타 보조금</td><td>1.25</td><td>0.07</td><td>1.1</td><td>-0.5</td></tr>
<tr><td>기타 소득</td><td>2.84</td><td>2.78</td><td>3.2</td><td>3.1</td></tr>
</table>

〈표 7-1〉 도시 소득불평등에 대한 소득원별 기여도 (단위 : %)

자료 : Khan and Riskin(2005, 371).

67%)이 비(非)노동임금의 방식을 통해 분배되고 있다. 1988년과 1995년 사이 중국의 빈부격차를 연구한 논문에서도 농촌 불평등의 증가는 주로 불평등한 임금으로 인해 농촌소득 구성에 변화가 생겼기 때문이지만, 도시 불평등은 임금구조의 차이와 주택의 임대가치, 주택 보조금이 가장 중요한 요인임을 밝히고 있다(Khan and Riskin 2001, 49-51) (〈표 7-1〉 참조).

특히 도시에서 국유 및 집체단위의 시스템이 붕괴하면서 도시 불평등도 심화되기 시작했다. 예를 들어 부동산과 금융자산이 2002년 도시가구 재산 총액의 90%를 차지하는 등, 빈부격차란 단순히 임금의 차이에 의한 것이 아니라 노동 외적 요인을 통해 벌어지며 노동 외적 요인은 임금 이외의 방식으로 재산축적이 가능함을 의미한다(〈표 7-2〉 참조).

두 번째는 비합법적이고 비합리적인 분배로 인해 국가와 개인의 재산이 빠른 속도로 소수계층의 수중에 집중되고 있다. 빈부격차에 영향을 주는 소득의 분배는 시장에서 이루어지고, 정부의 행정수단을 통해 진행되며 마지막으로 민간의 방식에 의해 전이된다. 국유기업의 제도개혁과 자본의

〈표 7-2〉 재산 불평등의 항목별 기여도 (단위 : %)

재산 항목	소득 비중		지니계수에 대한 기여도	
	1995	2002	1995	2002
토지가치	31.6	9.4	22.92	-0.77
금융자산	15.8	21.8	17.08	24.92
부동산	35.4	57.9	48.15	66.32
생산성 고정자산	4.3	4.0	3.97	2.16
내구소비재 가치	11.9	6.9	6.41	6.01
기타자산 추정치	1.4	0.9	1.46	1.16

출처 : 孔經源(2005, 104).

유실은 국가의 재산이 비합법적으로 소수의 개인에게 집적되는 결과를 가져온다. 비합법적인 재산축적은 주로 관료들의 부패에 의해 진행되는데, 80년대 관료부패가 분배구조에 근본적 영향을 줄 수 없었던 것과는 달리 90년대 이후의 부패는 빈도도 늘어날 뿐만 아니라 그 액수도 거대해지고 고위관료의 부패도 늘어나면서 상위계층 소수에게 재산이 집중되는 현상을 가져온다(何增科 2002, 52). 이외에 분배의 측면에서 개인소득세는 시장에서 조성되는 과대한 격차에 대한 조절정책 중 하나이다. 그러나 중국에서 개인소득세는 아직 중요한 작용을 하지 못하고 있다. 2001년 소득세는 중국 총 수세의 6.5%로 일반 선진국가의 평균인 30%에 훨씬 못 미친다. 중국에서 소득세의 유실은 적어도 1,000억 위안 이상이라고 한다. 2001년 20% 이하인 부자가 80%의 금융자산과 저축액을 차지하면서도 그들이 내는 개인소득세는 오히려 전체의 1% 미만인 것에서도 비합리적인 분배의 현실을 알 수 있다(『南方週末』03/04/10).

세 번째 원인은 정부정책과 제도적 요인을 들 수 있다. 정부의 불완전한 정책이 야기한 지대추구(rent-seeking), 독점현상은 무질서한 변화를 가져오며 급격한 시장전환에서 격차를 야기하는 제도적 실패이다(Zhao Renwei 2001, 25-43). 또한 정부가 실시하는 다양한 사회정책이 상황을 호전시키기보다는 오히려 격차를 심화시키는 부정적 결과를 가져오기도 한다. 예를 들어 네트세금의 실시인데, 이는 그물망식으로 모든 국민과 지방단위에 세금을 부과하는 제도를 말한다. 세금을 안 내던 빈곤계층도 이에 따라 적은 액수라도 세금을 낼 수밖에 없으며 지방단위는 세금이 부과되면서 이를 빈곤계층에 대한 보조금을 줄이는 것으로 충당하려고 한다. 정부가 실시하는 주택개혁정책 또한 빈곤계층의 거주지 확보를 점점 더 어렵게 만들고 있다. 또한 국유기업의 하강 노동자를 위한 대책이 제때에 마련되지 못하는 것도 이들의 빈곤상황을 악화시켜 어려움을 가중시키고 있다(Khan, Griffin, and Riskin 2001, 125-132). 칸(Azizur Rahman Khan)과 리스킨(Carl Riskin)은 시장경제로 급격하게 전환되는 과정에서 불평등의 증가는 불가피하지만 국가가 어떠한 정책을 얼마만큼 효율적으로 수행하느냐에 따라 빈부격차를 줄일 수도 있다고 주장한다.[1] 이는 역으로 국가정책이 적절하지 못할 경우 빈부격차가 점점 더 확대될 수밖에 없음을 반증한다.

이외에도 개인의 사회적 지위와 정치적 입지가 빈부격차를 만들어 내는 간접적 요인이 되기도 한다. 예를 들어 공산당에 입당해 지도자가 될 경우, 자신이 일하는 단위나 직장이 사회적으로 명망이 있는 경우, 사는 거주지가 부유한 곳 등의 요소, 즉 정치권력을 얼마나 가지고 있는가, 생활환경과 수준이 좋은 곳에서 사는가, 사람들이 선호하는 직업을 가졌는가 등의

---

[1] 그들은 제도적 위기를 긍정적으로 해결하지 못한다면 중국의 전환적 경제는 빈곤의 문제와 증가하는 불평등에서 탈피하지 못할 것이라는 견해를 가진다. 또한 보상적인 공적 행위가 결여된 상태에서 세계화의 어떤 측면들은 중국에서 빈부격차의 증가를 가져오는 불평등 경향을 가속화시킬 것이라 전망한다(Khan and Riskin 2001, 154-158). 다음에서도 동일한 주장을 찾을 수 있다(朱光磊 2002, 9-20).

요인을 통해 빈부격차를 만들어 낸다. 이 중에서도 정치권력을 가진 고위 관료 집단은 국가재산과 노동력을 통제하는 이중적 권력과 대중들이 만들어 낸 노동성과를 분배하는 권력을 가지고 있다. 고위관료 집단은 부유계층에 진입할 가능성이 더 높으며 재분배와 통제자의 역할을 통해 자신들의 이익을 가중시킴으로써 격차를 확대하는 원인을 제공하고 있다(邊燕杰·盧漢龍 2002, 510-511).

빈부계층의 격차 현황

빈부격차의 확대는 중국의 지속 가능한 발전을 위한 청사진 속에서 이미 중국 지도부와 학자들의 주목을 받고 있다. 빈부격차를 계량화한 지니계수가 그 한계선을 넘어서서 다른 서방 선진국보다 계수가 더 높아지는 현상은 많은 사람들의 우려를 낳고 있다. 2001년 당시 총리였던 주룽지는 빈부격차의 지니계수가 0.39라며 우려를 표명했었다. 지니계수는 1988년의 0.38에서 2005년에는 0.45로 상승했고 2006년에는 0.46까지 증가했다.[2] 국무원 발전연구중심 부주임 루즈창(魯志强)도 국제 기준에서 중국은 이미 주민소득이 매우 불평등한 국가의 대열에 들어갔으며 빈부격차 문제는 현재 중국 사회에서 심각한 현안이 되었다고 말한 바 있다. 전국인대도 현재 중국이 당면한 난제들을 열거하면서 소득분배의 불공정과 빈부격차 확대

---

2 중국 빈부격차의 지니계수 정도가 도시의 경우 2001년에 이미 0.459가 되었다는 주장이 있다. 이 숫자는 당시 미국의 지니계수 0.434보다 높다(『經濟日報』 2002/08/30; 楊宜勇·黃燕芬 2003, 226-234). 또 다른 연구는 2000년에 이미 중국의 빈부격차 지니계수가 0.5에 달해 한계선을 넘어섰다고 주장했다(陳宗勝 2001, 14-23).

를 현재 중국 사회에서 가장 시급히 해결해야 할 사항이라고 강조한 바 있다. 삼성경제연구소는 지난해 한 보고서에서 중국 전체 인구의 0.3%인 390만 명이 전체 은행 예금의 3분의 1 이상, 전체 소득의 30% 이상을 차지하고 있다고 분석했다(한겨레 2007/05/10).

중국의 계층 간 빈부격차는 90년대 들어 전반적으로 확대되었다. 빈부격차의 현황을 소개하는 다양한 자료들에 근거해 보면, 우선 90년대 후반에 이미 최하층 20%가 전체 소득 중 4%를 차지하고 최상층의 20%는 50%의 자산을 차지하고 있다. 중국인 전체를 10개 계층으로 구분하면 최상위 계층 10%가 전국 소득의 33%를 차지하는 셈이다(朱慶芳 1998). 2002년 5월에서 7월까지 허베이, 톈진 등 8개 성과 직할시의 대·중·소도시 3,997개 가정을 대상으로 2000년 한 해의 소득과 금융재산, 주택, 투자, 소비지출을 조사한 통계에 의하면 최상위 10% 계층의 재산이 최하위 10% 계층의 재산보다 5배에서 5.1배 높은 것으로 나타난다. 조사대상에서 제외된 이농인구와 실업증가를 감안하면 실제의 통계는 공식통계에 근거한 결과보다 더욱 클 수 있다. 또한 상위계층 20%의 소득이 전체 소득의 51%를 넘어섰고 하위계층 20%는 4%의 소득을 차지한 것에 불과했으며 상층과 하층 간 빈부격차 비율이 개혁 초기의 4.5:1에서 12.66:1로 확대되었다(『南方都市報』 2003/03/12). 2005년 농촌과 도시의 54,000가구를 대상으로 한 조사에 의하면 중국의 최상위 10%가 최하위 10%에 비해 가처분소득이 12배 높은 것으로 나타났다(『廣州日報』 2005/05/14).

베이징과 상하이의 통계연감 자료를 보면 베이징의 경우 2001년 주민소득이 최상층인 경우 2만 2,622위안이고 최하층은 7,084위안이다. 소득 평균이 12,560위안 인 것으로 봤을 때 최하층의 소득은 평균에 훨씬 못 미친다. 소비지출에 대한 통계는 최상층이 1만 3,043위안, 최하층이 5,412위안으로 나타나 소득보다 격차가 없는 것으로 보이지만 소득과 지출을 견주어

봤을 때 최하층은 소득에서 상당부분을 지출하게 되어 다른 부분으로 소득을 유용하기가 힘들다는 걸 알 수 있다(『北京統計年監 2001』 2002, 480-481) 상하이의 경우는 2001년 평균 소득이 1만 2,883위안인데 최상층은 3만 615위안이고 최하층은 6,103위안으로 격차가 베이징보다 상당히 크다. 소비지출면에서는 최상층이 1만 5,482위안, 최하층은 6,126위안으로 그 격차는 줄었지만 마찬가지로 최하층의 소득과 소비를 비교해 보면 소득보다 소비지출이 더 많아 베이징보다 더 큰 격차를 보인다(『上海統計年監 2001』 2002, 69). 또한 베이징 통계국이 2002년 3월 말까지 베이징시 18개 구와 현을 조사한 자료에 의하면 베이징 주민의 재산은 최상과 최하가 7.4배의 차이를 보여 이는 소득보다 더 큰 격차를 나타낸다. 최하위 저소득층 가정의 자산 평균은 13만 8,000위안이고 최상위 고소득층 가정의 자산 평균은 1,020,000위안에 달한다. 최상층 가정자산 총액은 베이징 시 전체 주민가정 자산 총액의 42.74%를 차지해 재산이 얼마나 일부 계층에 편중되어 있는가를 알 수 있다. 베이징의 최상위계층 가정은 주로 사영기업주와 기업경영자 가정이며 이 중 자산 총액이 가장 높은 가정은 그 액수가 330만 3,000위안에 달해 평균수준의 6.95배까지 된다. 가정자산 총액이 가장 낮은 최하위계층은 베이징 인구비중에서 가장 큰 비율을 차지하는 생산과 운수, 설비에 종사하는 노동자 가정으로 자산 총액은 평균수준의 49.41%에 불과해 사영기업주와 개체경영자 계층의 7.11%에 그친다(『中國靑年報』 2003/02/27). 이상에서 볼 수 있듯 중국에는 현재 빈부격차 현상이 두드러지게 나타나고 있으며 이는 소득뿐 아니라 자산의 측면에서도 드러나고 다른 기회의 측면에서도 지속적으로 차이가 벌어지고 있음을 알 수 있다.

개혁과 빈부격차

빈부격차가 시장경제의 확산과 경제발전의 단계에 따라 어쩔 수 없는 현상이라 하더라도 개혁이 심화되면서 빈부격차가 축소될 수 있을 것인가 아니면 오히려 증가할 것인가의 문제는 빈부격차로 인한 사회문제가 해결 가능한가 아니면 악화될 것인가와 관련된다. 중국의 한 학자는 경제발전의 초기 단계에서는 노동에 대한 차별이 커지면서 빈부격차가 확대되지만 경제발전이 고도화되면 농업인구가 감소하고 노동이 숙련노동으로 전환되면서 균형적인 소득을 갖게 되어 빈부격차가 축소된다고 주장한다. 이는 쿠즈네츠(Simon S. Kuznets)[3]가 얘기하는 뒤집힌 U곡선 이론과 동일한 인식을 바탕으로 한다(Kuznets 1955, 8). 뒤집힌 U곡선으로 빈부격차가 줄어들 것이라고 보는 이유는 자본주의 사유경제에서 자본소득은 직접적으로 주민의 소득격차에 영향을 주면서 소득을 제어하는 결정적 요인이다. 노동차별은 상대적으로 부차적 위치에 있으나 90년대 초 중국 공유제 하에서 노동차별은 소득격차의 주요 원인이며 자본 등의 요소는 일반적으로 간접적 작용을 한다. 그러나 위의 이론이 가진 설득력에도 불구하고 중국의 현실은 뒤집힌 U곡선이라기보다는 경제발전에 따라 오히려 U곡선의 현상을 보여주고 있다.

시장 경제의 특성을 연구한 자료에 의하면 시장전환 과정에서 처음에는 격차가 하강하지만 나중에는 상승하는 현상이 발생하게 된다. 시장기제의 평등화 효과는 시장전환 과정 초기에만 존재하며 시장전환의 심화에 따라 불평등의 정도가 확대된다(Szelenyi and Kostello 1996, 1082-1096). 급진적 변혁의 사회에서 원래의 우세계층은 실패자가 될 가능성이 있다. 그러나

---

3 리창도 상품시장, 노동력 시장과 금융대출시장의 확대와 더불어 중국에서 생기는 격차의 확대는 시장전환의 하나의 부산품이며 시장전환의 심화와 함께 격차가 줄어드는 뒤집힌 곡선을 이야기한다(李强, 2000).

점진적인 변혁의 사회에서 원래의 우세계층은 자신의 유리한 지위를 보호
할 가능성이 많다(Bian and Logan 1996). 개혁 초기와 80년대에는 소득과 빈
부격차가 줄어드는 현상을 보인 반면 90년대 이후에는 오히려 시장침투가
지속되면서 격차와 불평등에 따른 여러 가지 우려를 낳고 있다. 또한 소득
을 위주로 격차를 설명한 천(陳宗勝)의 주장보다는 재산 축적의 여러 가지
통로와 세계화라는 개혁의 극점을 통해 빈부격차가 더 확대될 것이라는 주
장이 타당성을 가진다. 중국 학자들도 개혁이 가속화 될수록 공동 부유의
이상이 없어져 가고 있으며 1980년대와 달리 1990년대 후반에는 소득 이외
의 요인에 의한 빈부격차가 확대되고 이것이 제도화를 통해 더욱 가중되고
있다고 역설한다.[4] 현재 중국의 현실에서 파이가 커지면 빈부격차가 줄어
들 것이라는 인식은 파이를 점점 더 크게 하는 개혁에 박차를 가하고 있다.
그러나 파이가 커질수록 격차가 해소되기보다는 심화되는 현상은 많은 사
람들의 우려를 낳고 있다. 개혁이 진행될수록 빈부격차가 줄어드는 것이
아니라 오히려 늘어난다는 것은 빈부계층을 구성하는 구성원들의 통합을
유지하는 데 어려움을 더하고 있다.

빈부계층의 인식문제

사회통합은 한 사회의 구성원들이 공통으로 가지는 이해관계와 인식에

---

4 예를 들어 1995년에 나온 한 연구는 90년대 초까지의 빈부격차가 어느 정도 수용할 정도이며
아직 양극분화가 일어났다고 보기는 어렵다고 논술하고 있다(李培林b 1995, 3, 14). 그러나 1996
년 이후의 연구들은 대부분 중국에서의 빈부격차가 상당히 확대되고 있음을 강조한다.(唐忠新
1996; 孫立平 2001, 3; 孫立平 2003).

의거한다. 빈부계층을 구성하는 사람들이 서로 이해관계가 다르고 동일한 정책에 대한 다른 인식을 가지게 될 때 통합은 유지되기 힘들다. 설문조사에 의하면 빈부계층의 구분에 의해 사회문제에 대한 관심과 선호도가 다르게 나타난다. 또한 빈부격차에 대한 인식은 사회적 불평등 상황이나 그 자신이 처한 사회경제 지위에 대한 주관적 의식, 평가와 느낌인데 빈곤계층에 속한 사람들이 이와 관련해 자신들의 생활상태를 불만스럽게 여기고 있음이 드러난다. 2006년에 5,690명을 대상으로 실시한 설문조사에 의하면 85%는 이미 빈부격차가 참을 수 없는 수준이라고 했으며 응답자의 98.3%가 10년 전과 비교해 빈부격차가 커졌다고 답했다(『中國靑年報』 06/07/31). 사회과학원 조사에서도 중국이 해결해야 할 당면 사회문제로 빈곤문제, 지역발전 격차, 주민소득 차이가 높은 순위를 차지했다(王俊秀 2005, 67-81). 2006년 당교가 행한 여론조사에서 응답자들은 가장 심각한 사회문제로 소득 불평등의 확대를 들고 소득분배 시스템의 개혁이 가장 중요한 정책과제라고 지적하고 있다(靑連斌 2006, 32-48).

빈곤계층의 사람들은 사회문제 중 사회보장, 하강실업과 취업문제에 대해 가장 많은 관심을 가진다. 왜냐하면 이러한 문제들이 그들의 생존과 관계되기 때문이다. 빈곤계층 중 54.3%가 가장 관심 있는 사회문제로 '사회보장'을 선택한 반면 부유계층의 사람들 중 이를 선택한 비율은 36.1%이다. '하강실업과 취업'의 문제에서도 부유계층은 15.5%만이 이에 관심을 가지는 반면 빈곤계층은 57.3%가 이 문제를 중시했다.[5] 또한 현재 도시에서 가장 중요한 사회문제가 무엇인가를 묻는 조사에서 부유계층의 60.8%가 실업하강이라고 말했는데 빈곤계층은 85.4%가 이를 선택했다. 빈부격차 확

---

5 이 연구는 2002년 10월에서 11월 초까지 중국 전역 31개 성, 시, 자치구의 도시에서 13-69세의 1만 5,000명 도시민에게 설문조사한 자료를 토대로 했다(周江 2003, 151-161).

〈표 7-3〉 불평등 현상을 초래하는 주요인에 대한 설문

	성별	연령	학력	직업	업무	계급계층	단위	권력	지역	출신가정	호적	소유제	부정확무응답
비율(%)	4.2	3.2	8.6	8.3	5.8	5.8	3.7	33.7	6.9	3.0	1.4	0.5	14.9
순위	7	9	2	3	5	5	8	1	4	10	11	-	-

출처 : 李春玲(2005, 295)의 내용을 재구성한 것.

대 문제에 대해서도 부유계층에서는 순위 6위를 차지하고 19.6%가 이를 선택한 데 반해 빈곤계층은 46.2%가 이를 주목했다. 부유계층은 생존문제보다는 정치적 사안에 관심을 가지는 반면 빈곤계층의 사람들은 자신들의 일상생활이 더 시급히 해결해야 될 과제라고 여긴다. 이는 빈부계층 간에 사회문제 인식과 이해관계에서 차이가 있다는 것을 말해 준다.

빈부격차는 또한 상대적 빈곤감을 증가시키게 되며 이는 빈곤계층의 자기생활에 대한 불만족의 증가로 표현된다. 불평등 현상을 야기하는 가장 중요한 원인이 무엇인가에 대한 질문에서 사람들은 계층을 구분하는 주요한 기준인 권력, 학력, 직업, 지역차를 각각 1~4위의 순위로 꼽았다(〈표 7-3〉 참조).

또 다른 질문으로 중국 사회에서 어떤 사람들이 가장 높은 소득을 얻는가에 대한 질문에서 1위는 관료나 간부, 2위는 기술을 가진 사람, 3위는 문화수준이 높거나 학력이 높은 사람 순이다. 역으로 어떤 사람들이 고소득을 얻어야 마땅하다고 생각하는가에 대한 질문에서는 1위가 기술이 있는 사람, 2위가 문화수준이나 학력이 높은 사람, 3위가 노력하는 사람 순이다. 자산이 있는 사람과 간부들은 5위와 7위에 해당한다(〈표 7-4〉 참조). 사람들의 의식 속에 고소득을 얻어야 하는 사람과 지금 현재 중국 사회에서 고소득을 얻는 사람이 일치하지 않음을 보여준다.

국가계획위원회 거시경제연구원(國家計劃委員會宏觀經濟研究院)과 영

<표 7-4> 중국 사회의 불평등 구조에 대한 설문

	누가 쉽게 고소득을 올리는가?		누가 고소득을 얻어야 마땅한가?	
	비율(%)	순위	비율(%)	순위
교양이 있거나 고학력자	36.9	3	72.6	2
관료(국가와 사회 관리자)	72.6	1	13.2	7
자산이 있는 사람	35.7	4	15.9	5
사회적 연줄이 많은 사람	31.2	5	6.3	8
머리가 총명한 사람	20.4	7	30.3	4
전문 기술이 있는 사람	38.4	2	75.3	1
집안 배경이 좋은 사람	25.2	6	3.9	9
진취적인 사람	16.8	8	15.6	6
온갖 고생을 겪은 사람	9.0	9	50.4	3
기타	13.8	-	16.8	-

출처 : 李春玲(2005, 310-311)의 내용을 재구성한 것.

점조사회사(零點調査公司)의 2001년 10개 도시를 조사한 설문에서 자기생활에 대한 불만족자가 33.6%로 도시주민의 3분의 1에 해당한다. 또한 중국 사회안정연구 과제조(我國社會安定研究課題組)의 조사에 의하면 과거 3년간 도시주민의 생활 만족도에서 45%가 불만을 표시하며 이는 전국 도시 인구의 22-45%에 해당한다. 이 중 상당히 불만족하다고 답한 사람은 7-8%로 3,200만에서 3,600만 명 정도로 추산 된다(王紹光 2002, 29; 李培林 2002). 현재 중국에서 빈부격차에 대한 사회적 심리현상에 변화가 있으며 자신들의 빈곤상황에 대한 불만이 누적되고 있음을 알 수 있다. 격차를 가장 닳이 느끼는 농민과 노동자들의 이러한 인식과 불만은 행동으로 표현함으로써 사회통합에 문제가 되고 있다. 이들은 정부의 부정부패 척결, 체불임금 지불 및 토지보상을 요구하면서 과격한 시위도 불사한다. 소외계층의 집단행동은 1993년 8,000여 건에서 2005년에 8만 7,000건으로 급증했고 2007년에는

10만 건을 넘을 것으로 추정된다(*Chinadia Journal* 2007, 30). 농민시위와 2002년과 2003년에 걸쳐 장기적으로 지속되었던 노동자 항의는 빈곤계층을 형성하는 사람들의 삶에 대한 투쟁이며 이의 지속과 확대는 사회통합을 이뤄내는 데 있어 어려움을 가중시키게 된다.

빈곤계층의 규정

각 지역에서 정하는 빈곤계층은 소득이 해당 지역주민 평균소득의 50%에 못 미치는 집단을 말하거나 지역에서 정한 빈곤선에 못 미치는 사람들을 말한다. 주로 농민, 노동자, 일부 서비스직 종사자, 실업자, 농민공 등이 이에 해당한다. 빈곤선(貧困線, 구제기준)은 기본적으로 중국과학원과 국가통계국, 민정부(民政部)가 정하지만 구체적인 빈곤선의 설정은 각 지역이 정하게 되어 있다. 예를 들면 베이징, 상하이, 톈진과 4개 성, 5개 계획단열시(計劃單列市)는 매월 1인 200-319위안, 충칭과 23개 성은 140-200위안, 지급(地級)시는 110-140위안, 현급시와 현정부에 있는 진은 110위안 이하(최저 78위안) 같은 기준의 설정을 말한다. 이외에 중국의 빈곤층을 산정하는 기준은 중국 정부의 절대 빈곤층 표준인 1인당 연소득 668위안 이하인 사람들이다. 이를 기준으로 했을 경우 2006년 빈곤층은 전체 인구의 0.2%인 2,600만 명에 이른다. 더 엄격한 기준인 저소득 빈곤 가정 표준 924위안을 잣대로 하면 6,000만 명이 여기에 해당한다. 세계 표준인 1인당 하루 1달러를 기준으로 하면 중국의 빈곤인구는 1억 6,000만 명으로 늘어난다. 개혁이 사회구성원들에게 기회를 제공했다고 해도 빈곤계층의 소득증가율은 중국인의 평균 7%에 훨씬 못 미치는 3.9%에 그친다. 이들은 또한 개혁의 급격한 전환으로 인한 인플레이션에 의해서도 고통 받고 있다. 특히 도시의 격심한 빈부격차는 빈곤계층의 상대적 박탈감을 더 깊게 한다. 도시생활 비용이 점차 증가하면서 자녀교육, 의료, 노후비용의 부담을 많이 느끼는 것도 이들의 빈곤문제가 더욱 열악함을 말해 준다.[6] 빈곤문제는 경제적 능력의 상실뿐만 아니라 사실상 여러 가지 사회, 정치적 권리의 상실을 동반하게 된다.[7] 그렇기 때문에 실업과 빈곤을 근본적으로 해결하는 것은 단순히 실업구제를 통해서뿐만 아니라 여러 가지 권리의 기회와 회복을 의미한다. 이는 사회보장이나 실업의 구제가 단순히 온포(溫飽)의 문제를 해결하기 위한 것이 아니라 국민으로서의 기본적 권리를 만족시키기 위한 조치라는 광범위한 의미를 지니고 있다.

빈곤계층의 존재

농촌에는 여전히 많은 수의 빈곤농민들이 존재하는데, 그 수가 대략 3,000만 명 정도이고 이들은 여전히 온포를 해결하지 못하고 있다. 여기에다 6,000만 명의 농민이 온포의 경계선에 있어 거의 일억 명이 빈곤하다는 통계도 있다. 농촌 빈곤인구에는 1인당 소득 500위안 이하의 절대 빈곤인

---

6 리스킨과 리는 중국의 빈곤현상이 심각하며 교육수준의 저하, 과도한 세금부담과 의약비용의 증가가 극도로 빈곤한 사람들의 상황을 더욱 어렵게 만들고 있다고 주장했다(Riskin and Li 2001, 329-344).
7 저자는 빈곤과 관련된 사회권리 12가지를 들고 있는데, 사회공정과 합당한 자원 분배권, 노동권, 의료권, 재산권, 거주권, 승진의 권리, 이주의 권리, 명예권, 교육권, 오락의 권리, 부양 선택권, 그리고 성 평등권 등이 그것이다. 그가 말하는 사회권리의 빈곤은 사회권리를 획득하는 기회와 통로의 부족이다(洪朝輝 2002).

구가 1,459만 명, 1인당 소득이 1,000위안 이하인 빈곤인구가 9,033만 명, 1인당 소득이 1,000위안에서 2,000위안까지가 3억 1,079만 명에 달해 빈곤계층 중 농민이 큰 비중을 차지하고 있다(『明報』 2003, 3, 28). 농촌의 빈곤계층보다 수는 적지만 도시의 빈곤계층도 점차 증가추세에 있다.

도시의 빈곤계층 구성에서 높은 비율을 차지하는 것이 농민공과 실업노동자이다. 2005년 현재 농민공은 1억 2,000만 명이고 실업자는 839만 명에 달한다. 도시의 농민공은 농업호구를 가진 계층으로 이들의 소득을 보면 3/4의 월 평균소득이 700위안 이하이고, 400위안 이하가 50%를 차지한다. 200위안 이하도 36.4%를 차지해 전체의 1/3을 넘는다. 대부분 농민공의 소득이 중하이고 거기에는 무소득 계층도 포함된다. 도시 농업호구 계층의 빈곤은 경제적 소득에서 자산과 인력자본의 요소에 의해 결정되기도 하지만 비(非)시장요소의 작용도 포함된다. 예를 들면 교육이나 정치적 요인인데, 이들의 교육상황을 보면 중졸 이하가 71.45%를 차지하고 고등교육을 받은 사람은 6.4%에 불과하다. 정치적 지위에서도 97.4%가 당원이 아니다. 이러한 상황은 이들이 도시에 진입해서도 직업이나 신분에서 빈곤계층을 벗어나기 힘들다는 걸 말해 준다. 이들은 노동자가 아닌 자영업자가 된다고 하더라고 중간계층에 진입하는 것이 아니라 빈곤한 자영업자에 머문다(鄭杭生·陸益龍 2002).

중국 도시에서 실업자의 증가는 국유기업 개혁에 따른 것으로 국유기업 노동자의 비율이 66.5%를 차지하고 있다. 중국 정부는 1989년 10만 2,300개이던 국유기업을 2002년 7월까지 4만 2,900개로 줄이면서 하강 노동자의 숫자를 대폭 늘리는 결과를 가져온다. 중국도시 노동자의 3.9%인 725만 명이 공식적으로 실업이며 또 다른 600만 명은 면직 상태에 있다. 이러한 국유기업과 집체기업 노동자들이 도시빈곤의 55.5%에 해당되는데 이들은 주로 광산, 기계, 섬유계통 종사자들이다(孫立平 2002b, 18-26). 빈곤계층 문제에 있어 도시의 빈곤문제가 농촌보다 심각하게 받아들여지는 이유 중 하나는 도시 빈곤인구에게는 토지가 없으며 이들이 일자리를 잃을 경우 기본적인 생활도 할 수 없기 때문이다.

90년대에 걸쳐 중국 연구자들이 밝힌 도시 빈곤인구에 대한 규모는 여러 가지 통계 중 가장 보수적인 계산으로도 1,500만 명이었다. 도시주민 522만 6,000가구 중 1,897만 1,000명이 상대적 빈곤상황에 있고 절대 빈곤인구는 이보다 많은 약 3,000만 명에 달한다. 아시아개발은행은 중국 도시인구의 12%인 3,700만 명이 도시빈민이라고 추정했다(*FEER* 2002). 전국 3만 9,080가구를 조사한 또 다른 통계에 의하면 전체 5%가 빈곤가정이고 이들의 1년 소득은 2,199위안이며 이는 전국 평균수준보다 1.47배나 낮다. 빈곤가정의 식품에 대한 지출도 전체의 55%에 해당해 전국 평균 수준보다 11%나 높다. 빈곤가정의 월별 소득이 상하이는 243위안, 우한은 108위안, 텐진은 135위안, 란저우는 114위안, 충칭은 139위안으로 나온다. 이를 통해 알 수 있는 것은 5개 도시 빈곤가정의 실질적인 1인당 월별 소득이 보편적으로 최저생활보장 기준보다 낮다. 그리고 일반주민들의 평균소득과 비교했을 때 상하이는 40%에 불과하고 우한과 텐진은 27% 정도에 그친다.[8] 이는 국제공인 빈곤선인 사회평균소득의 50~60%와 비교할 때 여전히 큰 차이가 있다. 비교적 대도시라 할 수 있는 5개 도시 빈곤가정의 경제상황이 겨우 입에 풀칠할 정도라는 것을 알 수 있다. 이상과 같이 개혁과정에서 빈곤계층은 점점 늘어나고 있으며 빈곤상황은 더 열악해져 간다. 빈곤에 처한 계

---

8 상하이, 텐진, 우한, 란저우(蘭州), 충칭(重慶) 등 5개 도시 2,354 빈곤가정에 대한 설문조사를 실시하고 247개 가정을 개별적으로 방문한 이 자료는 소득, 식품, 의복부터 교육, 의료, 사교 등 6개 방면에 걸쳐 그들의 생존상황을 보여준다. 특히 빈곤가정의 교육상황에 대한 설문을 통해 빈곤의 악순환에 대해 지적하고 있다(唐鈞 2003a).

층이나 집단은 사회경제발전의 이득을 적게 나눠 가지거나 혹은 나눠 갖지 못했기 때문에 사회에 대해 불만을 가질 수밖에 없으며 이것이 즉각적인 집단행동으로 표출되지는 않는다 해도 사회통합과 사회안정에 대해 위기를 조성하게 된다.

계층격차의 해결책 하나: 재정분담

빈부격차는 개혁과 발전이 가져온 부정적 측면이며 위기를 발생시킬 내재적 원인을 안고 있다고 본다면 국가는 성장과 분배라는 딜레마를 해결하기 위해 이에 대처해야만 한다. 빈곤인구에게 제대로 경제적 지원이 되지 않는 이유는 빈곤선 설정과 보조금 지급이 재정곤란과 경비부족이라는 문제와 얽혀 있기 때문이다. 지방정부는 대부분 하부 행정단위의 보고에 의존해 빈곤문제를 해결하려고 하는데, 하부 행정단위는 지출문제로 인해 제대로 된 빈곤상황을 알리려고 하지 않는다. 자체적으로 자금부족의 상황에 처해 있고 보고를 해서 최저생활비를 받는다 하더라도 이를 받기 위해 몇 단계의 과정을 거쳐야 하는 번거로움 때문이다.

1997년 국무원은 빈곤문제 해결을 위해 최저생활보장비(저보: 低保) 지급 대상을 선정한 바 있다. 국무원은 '가정 1인당 소득이 현지 저보 수준보다 낮은 비농업 호구의 도시, 진(鎭) 주민'을 대상으로 설정했다. 1999년 전국 모든 도시와 현 소재 진에서는 저보제도를 실행하게 된다. 문제는 도시에서 구 재정의 경제적 부담능력인데 저보제도가 실시된 이후 거의 모든 지방은 시, 구의 양쪽이 나누어 분담하는 방법을 채택했다. 시와 구가 분담하는 비율은 7:3(다리엔시의 경우)에서 3:7(칭다오시의 경우)까지 다양하다. 저보제도를 실시한 이후 구제경비는 점차 증가하고 있는데, 일반적으로 구 단위의 구제대상이 이 제도 이전보다 10배나 증가했다(社會保障制度改革指南 1999). 거기에 보장범위가 부단히 확대되면서 기준도 높아지고 경비도 더불어 가중되고 있다. 구 재정으로 볼 때 분담되는 것은 단지 부분적 자금이지만 나가는 절대적 금액은 오히려 이전의 몇 배 심지어는 몇십 배씩 증가한 것으로 나타난다. 현재 구에 속한 기업(국유, 집체)은 보편적으로 경기가 좋지 않아 구 재정이 의존하는 재원에도 문제가 있다. 한 도시에서 구별로도 재정 차이가 심하다. 상하이시의 경우 시 중심에 속한 황푸(黃浦)구 재정상황은 양호하고 저보 지출 부담은 큰 문제가 되지 않고 있다. 그러나 다른 구는 상황이 다르다. 빈곤지역일수록 구 재정상황은 열악하고 빈곤가정은 오히려 더 많다(李實 2003). 결국 구 재정의 곤란은 도시 빈곤선 책정에 가장 직접적으로 영향을 미친다. 보장대상에 대한 심사는 구 민정국(民政局)에서 직접 관할하는데, 빈곤에 대한 최종적 해석권이 바로 그들에게 있기 때문이다. 재정능력이 없는 구 정부의 경우 중앙 문건 실행과 재정상 곤란이라는 양자 선택에 직면하게 된다. 결국 지방정부는 자의적으로 빈곤선과 빈곤인구를 정한다. 그러므로 빈부격차 문제는 중앙과 지방 사이의 재정분담을 해결해야 하는 과제를 안고 있다.

계층격차의 해결책 둘 : 재분배 정책의 재수립

계층 간 빈부격차 문제를 해결하기 위해서는 재정분담과 더불어 국가의 재분배 정책이 충분한 발휘해서 빈부격차 확대의 추세를 억제하고 완화시킬 필요가 있다. 이를 위한 구체적 정책은 사회보장 체제 건립, 빈곤계층과 저소득 계층에게 주는 구제금이 있고 개인소득세를 개선하는 제도, 고소득 계층에 대한 고액 누진세 적용 등이 있을 수 있다. 또한 취업의 확대, 장려금을 임금에 포함시키는 방안, 주민의 투자 독려, 공무원의 임금 상승, 사회보장제도 개선, 빈곤지역에 대한 보조 강화, 상속세와 재산세 확립 및 소비세 신설, 독점해소정책 마련 등도 가능하다. 이러한 정책적 안배는 물질적 빈곤을 처리하는 경제적 대가보다 지출이 적으며 사회효과는 보다 근본적이라고 할 수 있다. 물론 국가정책은 일부 계층만을 위한 것이 아니므로 빈부 양자의 요구를 적절히 조절할 필요가 있다. 여기서 더 중요한 문제는 부유해질 수 있는 기회가 불평등하다는 데 있으며 이의 해소는 국가의 구체적 정책에 의해 가능하다.

　　사회보장정책과 관련해서 중국 정부는 구체적인 보장대상을 규정한 바 있다. 첫째, 생활자원, 노동능력, 법정 부양자가 없는 사람, 둘째, 실업 구제금을 받는 기간이거나 혹은 실업 구제금이 만료되었음에도 취업을 못해 가정의 평균소득이 저보기준보다 낮은 주민, 셋째, 재직 노동자와 하강 노동자가 임금, 최저임금, 기본생활비를 받은 이후 혹은 퇴직자가 퇴직금을 받은 이후 그 가정 평균소득이 저보기준보다 낮은 주민이다. 그러나 이러한 3가지 한계선은 오히려 3가지 대상 이외의 도시주민들이 저보를 신청해 비준받는 것을 어렵게 만들었다. 초기 저보를 받은 대상자는 단지 281만 명에 불과해 실제로 받아야 할 대상자의 1/5에 그쳤다. 저보제도가 실시된 2년 후 2001년 말 보장범위가 100만 명이 증가했지만 이를 합쳐도 단지 381만 명이 혜택을 받은 것에 불과하다(唐鈞·王櫻 2003). 사회과학원의 한 조사에 의하면 2001년 6월에서 2002년 6월까지 저보대상은 1,473만 명으로 늘어 3배나 증가했으며 10월 말에는 55만 명이 증가해 총 인원 1,985만 명으로 늘어났다. 저보대상자의 구성을 보면 하강 노동자가 255만 명으로 13%, 실업자가 299만 명으로 15%, 대기 중인 노동자(待崗, 하강을 대기하는 것으로 임시

하강이라고 하기도 함)가 442만 명으로 23%, 재직 중인 노동자가 191만 명으로 10%, 퇴직노동자가 93만 명으로 5%, 빈곤계층의 기타 구성원이 554만 명으로 29%, 노동능력도 없고 부양가족도 없는 빈곤인구가 97만 명으로 5%를 차지한다(唐鈞 2003b, 243-251). 물론 저보 대상자가 늘어나면서 빈곤 문제를 해결하려는 시도도 늘고 있지만 매년 배 이상으로 늘어나고 있는 대상자의 수는 빈곤이 더 심화되는 걸 반증한다. 또한 저보기준은 매년 생활수준의 제고나 물가의 상승과 더불어 조정해야 한다.

재분배 정책과 관련해 또 하나 중요한 사항은 국가가 세수체계를 확립함으로써 고소득 계층의 개인소득서 징수를 강화하는 정책을 마련하는 것이다. 중국 세무총국에서 펴내는 잡지에서 2001년 발표한 '국내 사영기업 납세자 순위 100인' 명단에 의하면 2001년 중국의 부자 순위 50명 중 단지 4명의 부유 기업만이 납세순위 대열에 들어가 있다(『中國稅務報』 03/04/22). 중국에서 개인소득세가 전체 세수에서 차지하는 비율도 낮다. 예를 들어 2001년 전국 세수는 총 1조 5,000억 위안인데, 개인소득세 수입은 995억 9,900만 위안으로 전체의 6.6%에 불과해 일반 선진국의 평균 30%보다 매우 낮은 수준이다. 중국의 개인소득세 납세비율은 약 50% 정도로 중국에서 반 이상의 개인소득세가 유실되고 있다(『經濟日報』 2002/01/06). 베이징시 관세청(地稅局)은 이를 막기 위해 2002년 공식문건을 통해 처음으로 '개인소득세 관리정보체계'를 수립하기도 했다. 이 조치에 의해 2002년 말부터 전국적으로 모든 도시에서 개인소득세 중점 납세인 자료를 마련하고 납세자 자료를 관리해왔다. 이 법은 11월 1일부터 시행되었고 2003년 1월 1일부터 중점 납세자와 대리(代扣代繳) 단위는 기본적으로 '온라인 신고'를 단행하도록 했다. 이와 같은 정책의 수립은 국가가 할 수 있는 소득분배의 거시조절능력 중 하나로 세제체계를 개선해 불합리한 소득집단의 차이를 축소하는 것이다.

　빈부격차가 만들어 내는 문제를 해결하기 위해서는 장기적으로 빈부격차를 줄이거나 해소할 수 있는 제도를 건립하는 일도 중요하다. 빈부격차를 해소할 제도의 건립은 우선 중산층의 확대를 통해서 가능할 수 있을 것이다. 빈곤계층이 기회를 통해 중산계층으로 상승할 기제를 만들어 낸다면 사회 내 양극화 현상을 축소할 수 있다. 중국 사회가 중간층이 많은 구조보다는 양극분화를 보이고 있기 때문에, 만약 재산과 사회적 기회의 소수 부유계층으로의 과도한 집중을 억제하지 못한다면, 빈부 간의 격차는 더욱 증가하고 하층과 상층의 첨예한 계층모순과 충돌이 발생할 뿐 아니라 동시에 중산계층의 성장과 발전에도 불리하다. 국가는 법과 세금과 사회보장을 통해 국민의 재산이 합리적으로 중산계층으로 유동되도록 해야 한다. 동시에 상층에 속하는 부자들에 대한 법적 제어를 강화해 그들이 특권을 사용하거나 이를 통해 자신의 경제적 지위를 강화함으로써 사회 하층과 빈곤계층의 비판과 질시받는 것을 피해야 한다. 중국이 조화로운 사회 건설의 목표를 달성하기 위해서는 중산층의 규모가 커져야 하며 이는 하층과 빈곤계층이 중산층이 될 수 있는 정책과 기회의 증가를 통해 실현될 수 있을 것이다.

제8장

결 론

계층화와 균형적 사회

계층화는 현대사회의 주요한 특징이며 사회에 안정된 등급관계를 가져와 사회균형(social equilibrium)을 촉진하기도 하지만 다른 한편 계층구조의 고착화를 통해 개개인의 욕망과 희망을 저버림으로써 계층 간의 갈등과 긴장을 가져오기도 한다. 사회 구성원들이 만족하는 균형적 사회는 가능할까? 개인은 경제적 조건과 기회를 통해 자신의 지위를 벗어나 더 높은 계층으로 상승하고자 한다. 그러나 모든 개인이 원하는 지위를 얻게 되는 것은 아니다. 이미 높은 지위를 갖고 있는 계층의 사람들은 제도적으로 장벽을 설치해 진입을 막으려 하고 새로운 기회를 통해 계층이동을 하려는 사람들과 부딪치게 된다. 결국 한 사회의 계층화는 자연스럽게 사회적 균형을 의미하지 않으며 모든 사람들이 계층구조나 체계에서의 지위에 만족을 느끼지 않을 경우 균형적 사회를 만들기는 어렵다. 사회적 불평등의 반대 개념이 사회적 평등이 아니라 사회적 균형이라고 본다면 중요한 것은 사회구조의 변화 속에서 합리적인 사회균형 기제를 찾아내는 것이다.

현재 중국의 사회계층구조는 사회분화 과정에서 수많은 불균형 문제를 낳고 있다. 사회균형은 다층의 함의를 가지고 있는데, 사회계층의 이익이 고르게 합리적으로 배치되어야 하며 다양한 계층들이 상호의존하고 협조

할 수 있는 구조가 형성되어야 한다. 이러한 구조적 균형을 위해서는 사회 계층구조에서 중간이 크고 위아래가 적은 계층구조를 가지고 있어야 하는데, 이는 결국 중국 사회의 중산계층이 인구의 절대다수를 차지해야 함을 의미한다. 그러나 중산계층의 확대가 사회균형을 보장하는 유일한 기제는 아니다. 계층화를 통해 다양한 계층으로 인한 구조가 만들어진다고 해도 사회에 공정한 원칙이 지켜진다면 균형적 사회는 가능할 수 있다. 공정한 원칙이란 공평하며 공개된 능력경쟁의 기제, 합리적이고 합법적인 자원 배치기제, 공정하고 개방적인 모순해결 기제, 유효하고 공개된 사회감독 기제의 존재와 효용성을 말한다.

개혁 이후 중국 사회계층구조의 변화는 기본적으로 국가의 경제정책 조정과 경제체제 개혁하에서 발생했으며 국가가 의도적으로 계층구조의 형성에 개입하지는 않았다. 이런 과정에서 80년대 중반 이후 농민 계층과 90년대 중반 이후 노동자 계층의 손실이 방치되었다고 할 수 있다. 예를 들어 계층이동의 가장 중요한 기제가 교육제도라고 했을 때 80년대 초의 대학입시제도 회복은 농민, 노동자와 그 자녀가 대학에 진입함으로써 상향이동을 할 수 있는 기회의 증가를 의미했다. 그러나 개혁이 심화되는 90년대 중반 이후에는 대학교육제도가 개혁되면서 상당 부분 농민 자녀의 대학 진학 기회가 봉쇄되었다. 또한 많이 개선되었음에도 불구하고 여전히 남아있는 중국 특유의 호구제도와 도농 분할관리는 도시에 이원화된 노동력 시장을 만들었고 농민 출신 노동자들의 계층 상승의 기회를 차단했다. 결국 이러한 공공자원의 불공정한 배치는 계층 불균형을 야기하며 균형적 사회를 요원하게 만든다.

격차 해소와 국가의 역할

사회균형을 저해하는 가장 중요한 요인은 결국 계층의 양극분화이며 계층 간에 현격하게 나타나는 빈부격차이다. 이는 개혁과 발전이 가져온 부정적 측면이며 이것이 균형적 사회를 방해하는 내재적 원인을 안고 있다면 국가는 이에 대한 해결을 모색해야 한다. 2002년 11월 중국 공산당 16대는 삼개 대표론(三個代表論)을 당장으로 삽입함과 더불어 소강(小康)사회의 전면적 실현을 목표로 설정한 바 있다. 일부에서는 삼개 대표론의 제도화로 사영계층의 정치권력이 강화될 것이라는 예측을 하고 있지만 소강사회로의 진입은 덩샤오핑이 얘기한 선부론의 두 번째 단계로의 진입을 알리는 것이라고도 볼 수 있다. 이제까지 중국 사회에서 부의 축적은 덩샤오핑이 말한 대로 일부가 부자가 되는 것을 장려하고 허용하는 것이었다. 그러나 선부론에는 단서가 붙어 있었다. 먼저 부자가 된 사람들의 부가 사회로 환원된다는 전제였다. 더 이상 선부론이 균형적 사회를 이루는 가치가 될 수 없다면 이제는 빈부격차를 해소하고 선부론의 두 번째 단계로 진입하는 정책과 제도의 건립이 필요하다. 2004년 16기 4중전회에서 4세대 지도부가 통치이념으로 제시한 조화로운 사회이론은 이런 측면에서 균형적 사회를 위한 계층갈등 해소의 조치일 수 있다.

시장경제는 효율과 경쟁의 원칙에 의거해 자원을 배분하게 되며 이의 결과는 불균등한 분배의 형성을 가져온다. 자원을 빈곤지역에서 발달지역으로, 농촌에서 도시로, 효율이 안 좋은 기업에서 좋은 기업으로 이동시키는 시장의 흐름은 격차를 만들어 내는 주된 요인이 되어왔다. 또한 재분배 정책도 자원을 일부지역으로 편중시키고 비독점부문을 독점부문으로 만들면서 격차를 더욱 확대시키는 역할을 하게 된다. 특히 권력의 남용과 이로 인한 부패현상은 대부분 국가에 집중된 자원을 소수인의 수중으로 흘러가게 만들었다. 당과 국가 관료의 가중되는 기회주의와 위법은 사회균형을 저하시켜온 것이 사실이다. 시장과 정책이 만들어 낸 빈부격차 문제를 해소하기 위해서는 이차분배에 있어 국가의 균형적인 역할이 필요하다. 이는 세금, 구제, 부빈(扶貧) 등의 방식을 통해서 일부분의 재산을 합리적인 통로를 통해 도움을 필요로 하는 사람들에게 유입되도록 해주는 것이다. 개혁 과정에서 재분배가 불평등을 만들어 내고 시장이 이를 보완하는 작용으로 부유한 계층의 이익에 봉사해 왔다면, 특권 없고 권력 없는 사람들과 빈곤 계층은 이제 국가의 역할에 의존할 수밖에 없다. 시장과 재분배 그리고 사회 불평등의 관계는 독립적인 것이 아니라 유기적 관계를 가지고 있고 이의 해결은 국가에 의해 가능하기 때문이다.

1990년대 중국의 부의 축적과정에서 야기된 빈부격차 문제가 사회통합에 위기를 가져오는 원인이 되고 이것이 국가의 사회통제 능력에 문제를 제기하게 된다면 시장과 국가의 작용 방향이 일치하던 것에서 국가는 사회 불평등을 억제하는 본연의 역할로 돌아와야 한다. 빈곤에 대한 관심과 균형의 문제는 시장경제 속에서도 사회주의 중국의 사회적 안정을 강화하고 장기적으로 지속 가능한 발전을 진작시키는 열쇠가 될 수 있다. 이제까지 발전 위주의 정책에서 제도적이고 정책적인 실패는 전환기 경제의 초기 발전과정에서 스스로 피할 수 없는 부분이라 하더라도 앞으로 이를 축소해 나가는 것이 새로운 단계에 접어든 중국의 과제일 것이다. 만약 국가가 빈부격차의 문제에 대해 불만을 통제하는 정책으로 일관한다면 빈부격차로 인한 사회통합의 위기요인은 이러한 봉쇄와 통제에 충격을 가하게 된다. 일단 충격이 가해지면 그 충격의 여파는 사회 전체 체계의 안정과 균형에 영향을 미치게 될 것이다. 중국은 선부론을 통한 부의 축적에 대한 합리화와 평등주의 원칙을 지닌 사회주의적 기제를 동전의 양면처럼 공존시키고 있다. 이를 지속시키기 위해서는 중국이 현재 당면해 있는 빈부격차의 문제를 해결해야 하고 이럴 때 비로소 사회구조의 재구성과 사회관계의 재통합이 가능해질 것이다.

재론 : 중국 사회는 어디로 가고 있는가!

이러한 희망에도 불구하고 중국은 자본주의 궤도에서 강한 국가로 변모하느라 바쁘다. 사회주의 체제를 유지하고 있다는 중국에서 사회주의를 이야기하는 것이 낯설다. 자본주의는 물질적 풍요를 가져다줄 수 있다는 점에서 사람들을 유혹한다. 30여 년을 패배와 질곡에서 미로를 찾아 헤매던 중국이 그 유혹을 받아들인 건 어쩌면 너무도 당연한 이치인지 모른다. 그러나 중국의 눈부신 성장과 괄목할 만한 변화는 등진 그림자도 더 깊게 만들었다.

2006년 한 농민공 부부는 한화 24만 원의 약값이 없어 민강(閩江)에 투신자살했다. 2007년 4월에도 동일한 사건이 장강(長江)에서 일어났다. 몇 천만 원이 아니라 19일 동안의 입원비용 150여만 원이 없어서 부부가 함께 자식도 남겨둔 채 생을 마감했다. 이들이 죽음을 택할 수밖에 없었던 것은 강대국이 되어 간다는 중국에 제대로 된 의료보장제도가 없어서이다. 빈곤계층을 위해 가장 필요한 사회보장제도나 노동자 계층의 이익을 위해 필수적인 노동계약법은 아직 실효를 보지 못한 채, 사영기업주 계층에게 유리하게 작용할 기업소득세법과 사유권의 문제를 해결하기 위한 물권법이 먼저 올봄 전국인대를 통과했다. 중국은 어디를 향해 가고 있는 것일까?

세계나 한국의 중국에 대한 관심은 경제적 부분에 쏠려 있다. 사람들은 중국 하면 와! 하는 탄성을 지르거나 그 거대한 부상에 두려움이나 의혹의

눈길만을 보낸다. 그 찬사와 놀라운 반응 속에 상대적으로 더 열악한 상황에 처해 있는 빈곤계층의 생생한 삶은 없다. 30%가 성공의 깃발을 휘날릴 때 70%는 그 휘날리는 깃발의 흔들림에 어지러워한다. 중국에서 70%는 단지 100의 70이 아니라 13억의 70%인 9억여 명이다. 중국이 평균의 사회주의가 아닌 경쟁의 자본주의로 가는 것의 위험이 여기에 있다. 중국이 거대기업과 권력을 가진 엘리트와 부유 계층을 중심으로만 움직이는 사회가 된다면, 시장의 힘에 의해 경쟁과 효율만이 유일한 가치가 되는 사회가 된다면, 약자와 빈곤한 계층의 사람들을 안배하고 싶어도 그럴 수 없는 체제로 굴러간다면 중국의 앞날은 어찌될까? 전환시대 중국의 사회계층에 대한 관심이 이에 대한 의문을 푸는 실마리가 될 수 있기를 바란다.

참고문헌

김동하. 2004. "중국 중산층의 부상과 그 특징 및 규모."『중국학연구』제27집.
서석흥. 2006. "중국 도시지역 중산층의 성장과 소비구조의 전환."『현대중국연구』제
　　7집 2호.
이중희. 2005. "중국 계층구조의 변화와 신흥계층의 성장." 김익수 외.『현대중국의 이
　　해』. 서울: 나남출판.
홍두승·구해근. 2001.『사회계층·계급론』. 서울: 다산출판사.
"빈부격차로 인한 사회갈등 증폭." 2007. *Chinadia Journal* 1.
"소득 늘었지만 계층간 격차는 최악."『한겨레』2007/05/10.

康曉光. 2000. "權力的轉移: 1978-1998年中國權力格局的變遷."『中國社會科學季
　　刊』夏季號(總第30期).
孔經源 編. 2005.『中國居民收入分配年度報告(2005)』. 北京: 經濟科學出版社.
仇立平. 2001. "職業地位:社會階層的指示器-上海社會構造與社會分層研究.'『社會
　　學研究』第3期.
＿＿＿. 2004. "職業地位: 社會分層的指示器." 李培林·李强·孫立平 等.『中國社會
　　分層』. 北京: 社會科學文獻出版社.
國家發改委宏觀經濟研究院課題組. 2005. "擴大我國中等收入者的比重."『經濟研
　　究參考』第5期.
國家統計局城調總隊課題組. 2005. "6萬-50萬: 中國城市中等收入群體探究."『數据
　　』第6期.
紀玉山·代栓平·何翠翠. 2005. "中等收入者比重的擴大及'橄欖型'財富結構的達致."
　　『社會科學研究』第2期.
盧嶸. 2003. "業主運動."『南方周末』08/14.
段若鵬 等. 2002.『中國現代化進程中的階層結構變動研究』. 北京: 人民出版社.
唐忠新. 1996. "共同富裕的理論和實踐思考."『理論與現代化』第1期.
戴建中. 2004. "現階段中國私營企業主研究." 李培林·李强·孫立平 等.『中國社會
　　分層』. 北京: 社會科學文獻出版社.
董明. 2002.『政治格局中的私營企業主階層』. 北京: 中國經濟出版社.
盧漢龍. 1997. "就業渠道的轉變和勞動力市場的形成."『學術季刊』第3期.
賴特·米尔斯. 1986.『白領－美國的中産階級, 周曉虹譯』. 杭州浙江人民出版社.
米加寧. 1998. "社會轉型與社會分層標準."『社會學研究』第1期.
北京大學社會分化課題組. 1990. "現階段我國社會結構的分化與整合."『中國社會
　　科學』第4期.

白楊. 2002."社會分層理論與中國城市的類中間階層."『東方論壇』第3期.

樊平. 2004."社會流動與社會資本-當代中國社會階層分化的路經分析."『江蘇社會科學』第1期.

邊燕杰. 2002."美國社會學界的中國社會分層研究."邊燕杰 主編.『市場轉型與社會分層：美國社會學者分析中國』. 北京：三聯書店.

邊燕杰·李煜. 2001."中國城市家庭的社會網絡資本."『清華社會學評論』第2輯.

邊燕杰·盧漢龍. 2002."改革與社會經濟不平等：上海市民地位觀."邊燕杰 主編.『市場轉型與社會分層：美國社會學者分析中國』. 北京：三聯書店.

邊燕杰·劉勇利. 2005."社會分層, 住房産權與居住質量：對中國'五普'數据的分析."『社會學研究』第3期.

謝維和.1993."社會資源流動與社會分化：中國市民社會的客觀基礎."『中國社會科學季刊』秋季卷.

孫立平. 1995."從'市場轉型理論'到關于不平等的制度主意理論."『中國書評』第7期.

______. 2001."關于貧富差距的深層思考與制度重建."『中國企業報』10/31.

______. 2002a."90年代中期以來中國社會結構演變研究的新趨勢."『當代中國研究』第3期.

______. 2002b."資源重新積聚背景下的底層社會形成."『戰略與管理』第1期.

______. 2003.『斷裂：20世紀90年代以來的中國社會』. 北京：社會科學文獻出版社.

孫立平·李强·沈原. 2004."中國社會結構轉型的近中期趨勢與潛在危機."李培林·李强·孫立平 等.『中國社會分層』. 北京：社會科學文獻出版社.

劉兆佳 等編. 1994.『發展與不平等：大陸與台灣之社會階層與流動』. 香港：中文大學香港亞太研究所.

陸學藝 等. 1992."轉型時期農民的階層分化."『中國社會科學』第4期.

陸學藝 主編. 2002.『當代中國社會階層研究報告』. 北京：社會科學文獻出版社.

______. 2004.『當代中國社會流動』. 北京：社會科學文獻出版社.

李强. 1993.『當代中國社會分層與流動』. 北京：中國經濟出版社.

______. 1999."市場轉型與中國中間階層的代際更替."『戰略與管理』第3期.

______. 2000.『社會分層與貧富差別』. 廈門：鷺江出版社.

______. 2001."關于中産階級和中間階層."『中國人民大學學報』第2期.

______. 2002a. 轉型時期的中國社會分層結構. 長春：黑龍江人民出版社.

______. 2002b."中國社會分層結構與新變化."汝信 等 主編.『社會藍皮書-2002年：中國社會形勢分析與豫測』. 北京：社會科學文獻出版社.

______. 2004."中國社會分層結構的新變化."李培林·李强·孫立平 等.『中國社會分層』. 北京：社會科學文獻出版社.

李江濤 等編. 1993.『中國社會分層：改革中的巨變』. 香港：商務印書館.

李路路. 1999."論社會分層研究."『社會學研究』第1期.

______. 2002."社會轉型與社會分層結構變遷：理論與問題."『江蘇社會科學』第2期.

______. 2003. 『再生産的連續 : 制度轉型與城市社會分層結構』. 北京: 中國人民大學出版社.

______. 2004. "社會分層結構: 機制變革與階層相互關係." 『江蘇社會科學』第1期.

李培林 主編. 1995a. 『中國新時期階級階層報告』. 沈陽: 遼寧人民出版社.

李培林. 1995b. "當前社會是否存在'兩極分化'." 『經濟日報』03/14.

李培林·李强·孫立平 等. 2004. 『中國社會分層』. 北京: 社會科學文獻出版社.

李培林·張翼. 2000. "中國的消費分層:啓動經濟的一個重要視点." 『中國社會科學』第1期.

李友梅. 2005. "社會結構中的'白領'及其社會功能 : 以20世紀90年代以來的上海爲例." 『社會學研究』第6期.

李春玲. 2004. "中産階層: 中國社會值得關注的人群." 汝信 等 主編. 『社會藍皮書-2004年: 中國社會形勢分析與豫測』. 北京: 社會科學文獻出版社.

______. 2005. 『斷裂與碎片: 當代中國社會分化實證分析』. 北京: 社會科學文獻出版社.

楊宜勇·黃燕芬. 2003. "中國居民收入分配新格局." 汝信等 主編. 『社會藍皮書: 2003年中國社會形勢分析與豫測』. 北京: 社會科學文獻出版社.

嚴先薄. 2005. "2005年: 五大消費熱點能否持續." 『上海證券報』01/11.

汪開國 主編. 2005. 『深圳九大階層調查』. 北京: 社會科學文獻出版社.

王紹光 等. 2002. "經濟繁榮背后的社會不安定." 『戰略與管理』第3期.

王俊秀. 2005. "當前中國社會心態分析報告." 汝信 等 主編. 『社會藍皮書-2006年: 中國社會形勢分析與豫測』. 北京: 社會科學文獻出版社.

王春光. 1995. 『社會流動和社會重構: 京城'浙江村'研究』. 杭洲: 浙江人民出版社.

王漢生. 1992. "改革以來中國農村的工業化與社會結構變遷." 『社會學與社會調查』第2期.

袁梅. 2004. "中産階層力推中國經濟." 『國際金融報』02/27.

袁元. 2004. "中國的中産階層正以每年1%的速度增長." 『中國新聞網』04/09.

劉君 等. 2005. "社科院專家表示: 中産階層每年以1%速度遞增." 『深圳特區報』09/15.

劉毅. 2006. "中産階層的界定方法及實證測度:以珠江三角洲爲例." 『開放時代』第4期.

劉精明·李路路. 2005. "階層化: 居住空間, 生活方式, 社會交往與階層認同-我國城鎮社會階層化問題的實證研究." 『社會學研究』第3期.

劉租云·戴潔. 2005. "生活資源與社會分層: 一項對中國中部城市的社會分層研究." 『江蘇社會科學』第1期.

劉欣. 2004. "轉型期中國城市居民的階層意識." 李培林·李强·孫立平 等. 『中國社會分層』. 北京: 社會科學文獻出版社.

______. 2005. "當前中國社會階層分化的制度基礎." 『社會學研究』第5期.

張磊. 2005. "業主維權運動:産生原因及動員機制: 對北京市幾個小區个案的考察."

『社會學研究』第6期.

張文宏·李沛良·阮丹青. 2004. "城市居民社會網絡的階層構成." 『社會學研究』第6期.

張文宏. 2006. 『中國城市的階層結構與社會網絡』. 上海: 上海人民出版社.

張宛麗. 1996. "近期我國社會階級,階層研究總述." 『中國社會科學』第5期.

張靜. 2002. "公共空間的社會基礎: 一个社區糾紛案例的分析." 中國靑少年發展基金會 等 編. 『擴展中的公共空間』. 天津: 天津人民出版社.

張鴻雁. 2000. 『侵入與接替: 城市社會構造變遷新論』. 南京: 東南大學出版社.

張厚義. 2006. "新時期新階段的中國私營企業主階層." 汝信 等 主編. 『社會藍皮書-2007年: 中國社會形勢分析與豫測』. 北京: 社會科學文獻出版社.

鄭杭生·陸益龍. 2002. "城市中農業戶口階層的地位, 再流動與社會整合." 『江海學刊』第2期.

朝林 等 著. 2002. 『經濟全球化與中國城市發展』. 臺北: 臺灣商務印書館.

周江. 2003. "2002年中國城市熱点問題調查." 汝信 等 主編. 『社會藍皮書-2003年: 中國社會形勢分析與豫測』. 北京: 社會科學文獻出版社.

朱慶芳. 1990. "十年來我國各階級, 階層結構轉變的分析." 『社會學研究』第3期.

______. 1998. "城鎮貧困人口的特点, 貧困原因和解困對策." 『社會科學研究』第1期.

朱光磊 主編. 1994. 『當代中國社會各階層分析: 大分化新組合』. 天津: 天津人民出版社.

朱光磊. 2002. 『中國的貧富差距與政府控制』. 上海: 上海三聯書店.

周曉虹. 2005. 『中國中産階層調查』. 北京: 社會科學文獻出版社.

中國社會科學院社會學研究所. 1996. 『中國社會學年鑒: 1992.7~1996.6』. 北京: 中國大百科全書出版社.

中新社. 2005. "我國中産階層有了數字化界定." 『華夏時報』01/19.

中華全國工商業聯合會 等. 2000. 『中國私營經濟年鑒』. 北京: 經濟導報社.

陳家驥 主編. 1990. 『中國農民的分化與流動』. 北京: 農村讀物出版社.

陳那波. 2005. "海外關于中國市場轉型論爭十五年文獻述評." 『社會學研究』第5期.

秦少相·賈鋌著. 1993. 『社會新群體探索: 中國私營企業主階層』. 北京: 中國發展出版社.

陳映芳. 2006. "行動力與制度限制:都市運動中的中産階層." 『社會學研究』第4期.

陳幽泓·劉洪霞. 2003. "社區治理過程中的衝突分析." 『現代物業』第6期.

陳宗勝. 1994. 『經濟發展中的收入分配』. 上海: 上海人民出版社.

陳宗勝 等. 2001. "非法非正常收入對居民收入差別的影響及其經濟學解釋." 『經濟研究』第4期.

靑連斌. 2006. "黨政領導幹部對2006~2007年中國社會形勢的基本看法." 汝信 等 主編. 『社會藍皮書-2007年: 中國社會形勢分析與豫測』. 北京: 社會科學文獻出版社.

肖俊·宋慧賢. 2005. "業主維權, 政治參與與城市基層民主的前景: 國家級示範小區
　　　　深圳市南山區鴻瑞花園業主維權曆程及思考." 唐娟 主編. 『城市社區業主
　　　　委員會發展研究』. 重慶: 重慶出版社.

鄒農儉. 2005. "階層研究中的若干理論問題." 『江蘇社會科學』第1期

鄒樹彬. 2005. "住宅小區中的民主: 城市業主維權運動的興期及其影響." 『城市社區
　　　　公共治理國際學術研討會論文』. 深圳大學當代中國政治研究所, 8月.

夏建中. 2003a. "北京城市新型社區自治組織研究: 簡析北京CY業主委員會." 『北京
　　　　社會科學』第2期.

______. 2003b. "中國公民社會的先聲: 以業主委員會爲例." 『社會學』第8期.

何增科. 2002. 『反腐新路』. 北京: 中央編譯出版社.

許欣欣. 2000. 『當代中國社會構造變遷與流動』. 北京: 社會科學文獻出版社.

胡順延. 2002. 『中國中部地區社會結構變遷: 漢川市社會階層个案分析』. 北京: 社
　　　　會科學文獻出版社.

洪朝輝. 2002. "論社會權利的貧困: 中國城市貧困問題的根源與治理路徑." 『當代中
　　　　國研究』第4期.

『中國統計年鑑 2004』. 2004. 北京: 中國國家統計局.

『北京統計年監 2001年』. 2002. 北京: 中國統計出版社.

『上海統計年監 2001年』. 2002. 上海: 中國統計出版社.

唐鈞, 王櫻. 2003. "城市'低保'政策過程中的社會排斥." http://www.social-polic-
　　　　y.info/992.htm(검색일: 2003년 3월)

唐鈞. 2003a. "社會排斥與城市貧困群體的生存狀態." http://www.social-policy.info
　　　　/1033.htm(검색일: 2003년 3월)

唐鈞. 2003b. "中國城市居民最低生活保障制度的'跳躍式'發展." 汝信 等 主編.
　　　　『社會藍皮書-2003年: 中國社會形勢分析與豫測』. 北京:
　　　　社會科學文獻出版社.

李培林. 2002. "中國貧富差距的心態影響和治理對策." www.usc.cuhk.edu.hk/wk
　　　　_wzdetails.asp?id=1183(검색일: 2002년 10월)

李實. 2003. "九十年代末中國城市貧困的增加及其原因." http://www.cass.net.
　　　　cn/chinese/s01_jjs/grxszlsxs/lishi/1w01(0204).htm(검색일: 2003년 5월).

李春玲. 2006. "中國的社會階層與社會流動-經濟改革前後社會流動模式之比較."
　　　　www.sociology.cass.cn(검색일: 2006년 2월)

何清漣. 2006. "中産階級能够改變中國嗎?" http://club.cat898.com/newbbs/
　　　　dispbbs.asp?boardid=24&id=728732(검색일: 2006년 2월)

"我國貧富差距超國際警戒民建提出八大對策." 2003. 『南方都市報』03/12.

"清華教授剖析中國巨富階層." 2005. 『廣州日報』05/14.

"我國居民收入差距不斷擴大." 2002. 『經濟日報』08/30.

"收入分配差距是如何擴大的?" 2003. 『南方週末』04/10.

"望京維權." 2003. 『新聞週刊』09/25.

“北京戶均資產爲全國兩倍多貧富家庭差7.4倍.” 2003. 『中國靑年報』 02/27.
“國務院關于在各地建立城市居民最低生活保障制度的通知.” 1999. 『社會保障制度改革指南』. 北京: 改革出版社.
“中國私營企業納稅百强.” 2002. 『中國稅務報』 01/08.
“2001年全國收稅收入15,000億元.” 2002. 『經濟日報』 01/06.
“第五次人口普查:居民住房狀況大改觀.” 2005. 『中國信息報』 11/18.

Beck, Ulrich. 1992. *Risk Society*. London: Sage Publications.
Bian, Yanjie and John Logan. 1996. “Market Transition and the Persistence of Power : The Changing Stratification system in Urban China.” *American Sociological Review* 61.
Bian, Yan jie, John Logan, Hanlong Lu, Yunkang Pan & Ying Guan. 1997. “Work Units and Housing Rdform in Two Chinese Cities.” Xiaobo Lu & Elizabeth Perry eds. *Danwei: The Chinese Workunit in Historical and Comparative Perspectives*. New York: M. E. Sharpe.
Bian, Yanjie. 1994. *Work and Inequality in Urban China, Albany*. New York: State University of New York Press.
______. 1997. “Bringing Strong Ties Back In: Indirect Connection, Bridge, and Job search in China.” *American Sociological Review* 62.
Bian, Yanjie, Ronald Breiger, Deborah Davis, Joshep Galaskiewicz. 2005. “Occupation, Class, and Social Networks in Urban China.” *Social Forces* 83(4).
Bourdieu, Pierre. 1977. “Cultural Reproduction and Social Reproduction.” J. Karabel and A. Halsey eds. *Power and Ideology in Education*. New York: Oxford University Press.
Cai Yongshun. 2004. “Managed Participation in China.” *Political Science Quarterly* 119(3).
______. 2005. “China's Moderate Middle Class: The Case of Homeowners' Resistance.” *Asian Survey* Vol. XLV, No. 5.
Cao Yang & Victor Nee. 2000. “Comment: Controversies and Evidence in the Market Transition Debate.” *American Journal of Sociology* 105.
Chen, An. 2002. “Capitalist Development, Entrepreneurial Class, and Democratization in China.” *Political Science Quarterly* 117(3).
Chen, Jie and Chunlong Lu. 2006. “Does China's Middle Class Think and Act Democratically? Attitudinal and Behavioral Orientations toward Urban Self-Government.” *Journal of Chinese Political Science* 11(2).
Davis, Deborah S. 1992. “Job Mobility in Post-Mao Cities: Increases on the Margins.” *The China Quarterly* 132.

______. 2000a. "Social Class Transformation in Urban China: Training, Hiring, and Promoting Urban Professionals and Managers after 1949." *Modern China* 26.

______. 2000b. "Reconfiguring Shanghai Households." Barbara Entwisle & Gail Henderson eds. *Redrawing Boundaries.* Berkeley, CA: University of California Press.

Dickson, Bruce J. 2003. *Red Capitalists in China: The Party, Private Entrepreneurs, and Prospects for Political Change.* Cambridge: Cambridge University Press.

Ding, Xueliang. 2000a. "Systematic Irregularity and Spontaneous Property Transformation in the Chinese Financial System." *The China Quarterly* 163.

______. 2000b. "The Illicit Asset Stripping of Chinese State Firms." *China Journal* 43.

Dolven, Ben. 2003. "A Home Revolt at Ground Level." *Far Eastern Economic Review* October 23.

Erickson, Bonnie H. 1996. "Culture, Class, and Connections." *American Journal of Sociology* 102.

______. 2001. "Good Networks and Good Jobs: The Value of Social Capital to Employers and Employees." Lin Nan, Karen Cook, and Ronald S. Burt eds. *Social Capital: Theory and Research.* Aldine de Gruyter.

Giddens, Anthony. 1973. *The Class Structure of the Advanced Societies.* New York: Harper & Row.

______. 1980. *The Class Structure of the Advanced Societies.* 2nd ed. Hutchinson.

Goldthorpe, John H. 1982. "On the Service Class, Its Information and Future." A. Giddens and G. Mackenize eds. *Social Class and the Division of Labor.* Cambridge : Cambridge University Press.

Goldthorpe, John H. and Gorden Marshall. 1992. "The Promising Future Class Analysis: A Response to Recent Critique." *Sociology* 26.

Grusky, David B. 2001. *Social Stratification: Class, Race, and Gender in Sociological Perspective.* Boulder CO: Westview Press.

Hu, Xiuhong and David H. Kaplan. 2001. "The emergence of affluence in Beijing: residential social stratification in China's capital city." *Urban Geography* 22(1).

Khan, Azizur Rahman and Carl Riskin. 2001. *Inequality and Poverty in China in the Age of Globalization.* London: Oxford University Press.

______. 2005. "China's Household Income and Its Distribution, 1995 and 2002." *The China Quarterly* 182.

Khan, Azizur Rahman, Keith Griffin, and Carl Riskin. 2001. "Income Distribution in Urban China During the Period of Economic Reform and Grobalization." Carl Riskin and Zhao Renwei and Li Shi eds. *China's Retreat from Equality: Income Distribution and Economic Transition.* Armonk, New York: M. E

.Sharpe.

Kim, Jae Cheol. 2005. "From the Fringe to the Center: The Political Emergence of Private Entrepreneurs in China." *Issues & Studies* 41(3).

Kuznets, Simon S. 1955. "Economic Growth and Income Inequality." *American Economic Review* 45(1).

Li He. 2003. "Middle Class: Friends or Foes to Beijing's New Leadership." *Journal of Chinese Political Science* 8(1&2).

Lin Nan. 1995. "Local Market Socialism: Local Corporatism in Action in Rural China." *Theory and Society* 24.

Lin Nan and Bian Yanjian. 1991. "Getting Ahead in Urban China." *American Journal of Sociology* 97.

Liu Jian and Niu Xiaohan. 2003. "The new middle class(es) in Peking: a case study." *China Perspectives* 45(Jan/Feb). London: Cambridge University Press.

Naughton, Barry. 1995. *Growing Out of the Plan: Chinese Economic Reform, 1978-1993.* Boston: Cambridge University Press.

Nee, Victor and Cao Yang. 2002. "Post socialist Inequalities: The Causes of Continuity and Discontinuity." *Research in Social Stratification and Mobility* 19.

Nee, Victor and Rebecca Matthews. 1996. "Market Transition and Societal Transformation in Reforming State Socialism." *Annual Review of Sociology* 22.

Nee, Victor. 1989. "A Theory of Market Transition: From Redistribution to Markets in State Socialism." *American Sociological Review* 54.

______. 1991. "Social Inequality in Reforming State Socialism." *American Sociological Review* 56.

______. 1992. "Organizational Dynamics of Market Transition: Hybrid Forms, Property Rights, and Mixed Economy in China." *Administrative Science Quarterly* 37.

______. 1996. "The Emergence of a Market Society: Changing Mechanisms of Stratification in China." *American Journal of Sociology* 101.

Oi, Jean. 1992. "Fiscal Reform and the Economic Foundations of Local State Corporatism in China." *World Politics* 45.

______. "The Role of the Local State in China's Transitional Economy." *The China Quarterly* Vol. 144.

Oi, Jean C. and Andrew Walder. 1999. *Property Right and Economic Reform in China.* California: Stanford University Press.

Parish, William. 1984. "Destratification in China." J. Watson ed. *Class and Social Stratification in Post-Revolution China.* New York: Cambridge University Press.

Parish, William, L. Ethan Michelson. 1996. "Politics and Markets: Dual Trans-
formations." *American Journal of Sociology* 101.

Parkin, Frank. 1979. *Marxism and Class Theory: A Bourgeois Critique*. New York:
Columbia University Press.

Portes, Alejandro. 2000. "The Resilient Importance of Class: A Nominalist Inter-
pretation." Diane E. *Davis ed. Political Power and Social Press Theory*
Vol.13. JAI Press.

Poulantzas, Nicos. 1968. *Political Power and Social Classes*. London: New Left
Books.

______. 1975. *Classes in Contemporary Capitalism*. London: New Left Books.

Read, Benjamin L. 2003. "Democratizing the Neighbourhood? New Private Housing
and Home-owner Self-organization in Urban China." *China Journal* 49.

Riskin, Carl and Li Shi. 2001. "Chinese Rural Poverty Inside and Outside the Poor
Regions." Carl Riskin and Zhao Renwei and Li Shi eds. *China's Retreat from
Equality: Income Distribution and Economic Transition*. Armonk, New York:
M. E. Sharpe.

Rona-Tas, Akos. 1994. "The First Shall Be Last? Entrepreneurship and Communist
Cadres in the Transition from Socialism." *American Journal of Sociology* 100.

Szelenyi, Ivan and E. Kostello. 1996. "The Market Transition Debate: Towards a
Synthesis." *American Journal of Sociology* 101.

Tang, W. & W. L, Parish. 2000. *Chinese Urban Life Under Reform: The Changing
Social Contract*. New York: Cambridge.

Tanner, Scot. 2004. "China rethinks unrest." *The Washington Quarterly* 27(3).

Tomba, Luigi. 2004. "Creating an Urban Middle class: Social Engineering in Beijing."
China Journal No. 51.

Tomba, Luigi. 2005. "Residential Space and Collective Interest Formation in Beijing's
Housing Disputes." *The China Quarterly* 184.

Treiman, Donald J. 1970. "Industrialization and Social Stratification." Edward O.
Laumann ed. *Social Stratification: Research and Theory for the 1970s*.
Indiannapolis: Bobbs-Merrill.

Walder, Andrew. 1992. "Property Rights and Stratification in Socialist Redistributive
Economies." *American Sociological Review* 57.

Walder, Andrew. 1995. "Local Governments as Industrial Firms: An Organizational
Analysis of China's Transitional Economy." *American Journal of Sociology*
101.

Walder, Andrew G., Bobai Li. Donald Treiman. 2000. "Politics and Life Chances in a
State Socialist Regime: Dual Career Paths into The Urban Chinese Elite, 1949
to 1996." *American Sociological Review* 65.

Weber, Max. 1966. "Class, Status and Party." Beinhard Bendix and Seymour Lipset eds. *Class, Status and Power: Social Stratification in Comparative Perspective*. New York: The Free Press.

______. 1968. *Economy and Society* Vol.1. New York: Bedminster Press.

Whyte, Martin King. 1975. "Inequality and Stratification in China." *The China Quarterly* Vol. 65.

Wright, Eric Olin and Donmoon Cho. 1992. "The Relative Permeability of Class Boundaries to Cross-Class Friendships: A Comparative Study of the United States, Canada, Sweden, and Norway." *American Sociological Review* 57.

Wright, Erik Olin. 1985. *Classes*. London: Verso Edition.

______. 1997. *Class Counts: Comparative Studies in Class Analysis*. London: Cambridge University Press.

Yan, Yuxiang. 1996. *The Flow of Gifts: Reciprocity and Social Networks in a Chinese Village*. Stanford University Press.

Yang, Mayfair Mei-hui. 1994. *Gifts, Favors, and Banquets: The Art of Social Relationships in China*. Cornell University Press.

Zhao, Renwei. 2001. "Increasing Income Inequality and its Causes in China." Carl Riskin and Zhao Renwei and Li Shi eds. *China's Retreat from Equality: Income Distribution and Economic Transition*. Armonk, New York: M. E .Sharpe.

Zhao, Wei and Zhou Xueguang. 2002. "Institutional Transformation and Returns to Education in Urban China: An Empirical Assessment." *Research in Social Stratification Mobility* 19.

Zhou, Xueguang. 2000a. "Reply: Beyond the Debate and toward Substantive Institutional Analysis." *American Journal of Sociology* 105.

______. 2000b. "Economic Transformation and Income Inequality in Urban China: Evidence from a Panel Data." *American Journal of Sociology* 105.

"A Bright Future for Private Enterprises." 2003. *Beijing Review* February 20.

"Private Property Obtained Legally Shall Not Be Violated." 2004. *China Daily* March 15.

"Nothing More To Lose."(2002) http://www.feer.com/cgi-bin/printeasy?id=249 65.0061437027(검색일: 2002년 11월)